gutes leben
bene!

ANSELM GRÜN

mit Bildern von Eberhard Münch

Eine Brücke zum Himmel

Die spirituelle Kraft von Bildern und Zeichen

Inhalt

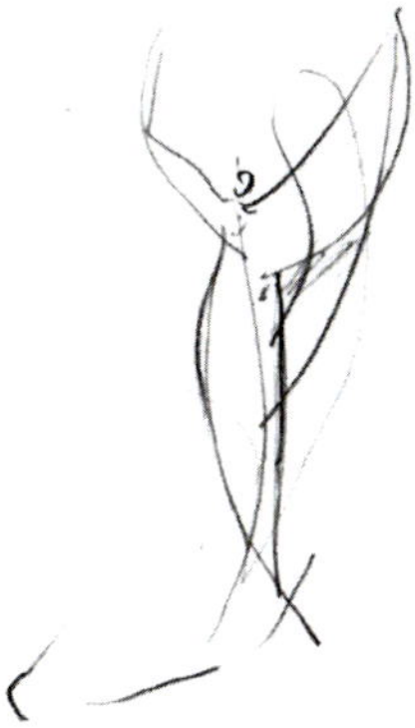

Eine Brücke zum Himmel

Brücken verbinden räumlich getrennte Bereiche miteinander – ein Ufer des Flusses mit dem gegenüberliegenden Bereich, eine Talseite mit der anderen, manchmal auch schier unüberwindbare Gräben. In vielen Religionen gibt es das Bild der Brücke, die Himmel und Erde miteinander verbindet. Oft ist der Regenbogen ein Bild dafür. Die Farben des Regenbogens schließen in sich Farben des Himmels und der Erde ein. Und der Bogen ist ein schönes Bild für die bleibende Verbindung.

In der christlichen Tradition ist die Liturgie ebenso ein Zeichen der Verbundenheit zwischen Himmel und Erde. Die Kirchenväter sind überzeugt: Wenn wir hier auf Erden miteinander Eucharistie feiern, dann feiern die Verstorbenen im Himmel das ewige Hochzeitsmahl.

An den Triumphbogen frühchristlicher Basiliken ist oft das himmlische Jerusalem dargestellt. Die Gläubigen schauen so bei der Eucharistie-Feier auf das Bild des himmlischen Jerusalems und können sich schon jetzt als Bürger der himmlischen Stadt fühlen. Sie sehen nicht nur auf den Himmel, der sie einst im Tod erwartet, sondern auf den, der sich bereits jetzt über ihnen auftut. Das himmlische Jerusalem ist auf vielen Bildern und Reliefs oftmals quadratisch dargestellt. Das Quadrat steht für das Irdische, für die vier Elemente. Zwölf Stadttürme sind ein Bild für die zwölf Apostel und für die zwölf Stämme Israels. Die Tore der Stadt sind aus Gold, geschmückt mit vielen Edelsteinen. Gold steht für das

Göttliche, das im Irdischen aufleuchtet. Und die Edelsteine sind Sinnbilder des himmlischen Lichtes, das auf Erden erstrahlt. So wird auch in den Darstellungen des himmlischen Jerusalems eine Brücke zwischen dem Irdischen und dem Himmlischen gebaut.

Alle christlichen Symbole und Bilder, alle Farben und Rituale der christlichen Tradition stellen solche Verbindungen, Brücken zwischen Himmel und Erde dar.

Bilder sind Fenster, durch die wir hinaufschauen zum Himmel. Die Farben ein Widerschein des Göttlichen in unserer Welt. Und die Rituale – so sagen die Griechen – schaffen in unserem irdischen Leben heilige Räume und heilige Zeiten.

Heilig ist das, was der Welt entzogen ist. Im Heiligen begegnet uns Gott. Das Heilige ist für die Griechen aber immer auch das Heilende und Heilsame. So sind die Brücken, die Himmel und Erde verbinden, auch Bilder für das Heil, das uns Jesus Christus gewirkt hat. Denn heil und gesund wird der Mensch nur dann, wenn er in sich das Menschliche und Göttliche verbindet. Das hat schon C. G. Jung erkannt, wenn er meint, dass seine Patienten im Alter von über 35 Jahren erst dann wirklich gesund wurden, wenn sie das Göttliche in ihr Leben integriert hatten.

Die christliche Liturgie hat sich seit jeher nie auf das Wort allein beschränkt. Sie war immer auch heiliges Schauspiel. In der Liturgie schauen wir nicht als Zuschauer von außen dem heiligen Spiel zu, sondern sind Teilnehmer, die sich durch Schauen und durch Gebärden, Singen und Beten hineinspielen in das Geheimnis der

Erlösung, die uns Jesus Christus geschenkt hat. Ein wesentlicher Anteil der aktiven Teilnahme der Gläubigen geschieht im Schauen. Wir schauen im Sichtbaren das Unsichtbare, in den Ritualen das Geheimnis von Tod und Auferstehung Jesu, in den Farben, Symbolen und Bildern den Gott jenseits aller Bilder. Im Schauen werden wir eins mit dem Geschauten, haben teil am Heil, das wir schauen.

Jesus selbst hat zu den Jüngern in Bildern und Gleichnissen gesprochen. In Bildern hat Jesus das Geheimnis Gottes, das seines eigenen Lebens und unserer christlichen Existenz zum Ausdruck gebracht. Jesus hat ein Mahl gestiftet, damit sich seine Jünger im Teilen von Brot und Wein an seine Erlösung erinnern, dass sie in den Zeichen von Brot und Wein das Geheimnis seiner Liebe erfahren, mit der er uns am Kreuz bis zur Vollendung geliebt hat.

Der Gott Israels hat sein Volk aufgefordert, sich kein Bild von ihm zu machen (Die Zehn Gebote, 2. Mose 20,4). Aber die Menschen haben seit jeher das Bedürfnis, sich an etwas festhalten zu können, um es sich so begreiflich zu machen. So war auch schon der Gottesdienst im Tempel voller Bilder und Symbole. Und der Tempel faszinierte die frommen Juden durch seinen Glanz. Die frühe christliche Kirche hat das jüdische Bilderverbot übernommen. Gott ist letztlich nicht darstellbar. Aber Gott lässt sich in Bildern schauen. Christus ist das wahre Ebenbild des Vaters. Ihn darf man darstellen, damit sich durch ihn das Geheimnis Gottes selbst in unser Herz einprägt. Gottes Glanz leuchtet in den Heiligen auf. Und er spiegelt sich wider in den Symbolen und Bildern, die die christliche Liturgie seit jeher liebt. Die Mystik war für die Griechen immer eine Mystik des Schauens. Und ein wichtiger Ort der mystischen Erfahrung war die Liturgie. Gott ist für die Griechen ein Gott, der geschaut wird. »Theos« (»Gott«) kommt von »theastai« (»schauen«). Wir können Gott nicht direkt schauen. Aber wir können in den Bildern den Gott jenseits aller Bilder entdecken.

Bilder wollen sich in den Menschen einbilden – in ihm sichtbar werden. Sie dringen in die Tiefen seiner Seele ein, in die Tiefen des Unbewussten, um ihn von dorther zu prägen und zu formen. Jeder Mensch trägt Bilder in sich. Oft genug sind es krank machende Bilder. Wie wir uns erleben, das hängt von unserem Selbstbild ab. Dieses Selbstbild ist oft geprägt von negativen Sätzen wie: »Ich bin nicht richtig. Ich bin unmöglich. Ich bin nicht schön.« Die Bilder der Bibel sind heilende Bilder. Die Medizin hat erkannt, dass solche Bilder eine heilende Wirkung auf den Menschen haben. C. G. Jung spricht von archetypischen Bildern. Sie haben für ihn die Aufgabe, den Menschen auf sein Selbst hin zu konzentrieren, all das, was in ihm auseinanderstrebt, im Selbst zu vereinen. Sie sind »Ganzmacher«. In der Liturgie und in den Kirchenräumen begegnen wir diesen heilenden Bildern, die Eingang in unsere Seele finden möchten, um uns Anteil zu schenken an dem Heil, das sie darstellen.

Ein guter Künstler weiß, wie wichtig es ist, die richtigen und angemessenen Farben zu wählen. In der Kunstgeschichte gab es bestimmte Farben, die für bestimmte Personen oder Themen reserviert waren. Die Liturgie arbeitet mit Farben. Schon die

Anweisungen Gottes für den Bau der Stiftshütte (Exodus 5–8) enthalten Farbvorschriften für die Vorhänge des Tempels und die Gewänder der Priester. Die Kirche hat diese Farbvorschriften auf ihre Weise weitergeführt. Je nach der Zeit im Kirchenjahr und der Art des Festes trägt der Priester ein weißes, rotes, violettes oder grünes Messgewand. Allein die Farben drücken eine Stimmung aus und bewirken zugleich ein Gestimmtsein der feiernden Gemeinde. Johannes Itten nennt die Farben »Strahlungskräfte, Energien, die auf uns in positiver oder negativer Weise einwirken, ob wir uns dessen bewusst sind oder nicht«.[1]

Die Liturgie spricht in Symbolen und mit Symbolen. Symbol kommt von »symballein« – »zusammenwerfen«. Das Symbol bringt die verschiedenen Strebungen der menschlichen Seele zusammen. Es fügt aber auch das Sichtbare und Unsichtbare zusammen, das Nichterklärbare mit dem, was uns bekannt ist. Es bildet eine Brücke zwischen Himmel und Erde. Der Begriff kommt ursprünglich davon, dass man im alten Griechenland einen Gegenstand zerbrochen hat, um ihn dann wieder zusammenzufügen. Man hat zum Beispiel bei einem Besuch ein Täfelchen zerbrochen und es dann beim nächsten Besuch wieder mitgebracht. Dann hat man es mit dem Teil zusammengefügt, den der Gastgeber bewahrt hat. So war das Symbol ein Wiedererkennungszeichen, ein Gegenstand, der die Freunde miteinander verbunden hat. Das, was in der menschlichen Seele durch die rein äußerliche Beschäftigung mit der Welt zerbrochen ist, wird durch das Symbol wieder zusammengefügt: Himmel und Erde, Gott und Mensch, Sichtbares und Unsichtbares, Bewusstes und Unbewusstes. Das Wort

»symballein« kann aber nicht nur »zusammentragen« bedeuten, sondern auch »verbergen und verhüllen«. Im Symbol verhüllen wir etwas, was uns wertvoll ist, damit es die nicht eingeweihten Betrachter nicht erkennen, sondern nur die, denen das Geheimnis der Symbole bekannt ist. Die Symbole der Liturgie verhüllen und enthüllen zugleich das Geheimnis der Liebe Gottes zu uns Menschen.

Farben und Symbole und Bilder wirken von allein auf den Menschen. Aber es gibt Symbole, die der Mensch nicht mehr versteht. Daher ist es angebracht, die Symbole zu erklären. Farben braucht man nicht zu erklären. Sie wirken auf jeden Fall. Aber es ist gut, wenn wir uns die Wirkung der Farben bewusst machen. Wir können dann die Farben in der Liturgie richtig einsetzen. Und wir entdecken den Reichtum der christlichen Liturgie, die das Heil, das in Jesus Christus geschehen ist, nicht nur durch Wort und Sakrament, sondern auch durch Farben, Bilder und Symbole verkündet.

Die christliche Liturgie vollzieht sich in Ritualen. Ein schönes Bild für Rituale bietet uns der Traum Jakobs von der Himmelsleiter (Gen 28,10–19). Jakob nutzt einen Stein als Kopfkissen, als er sich zum Schlafen niederlegt. Mancher mag sich wundern, weil er denkt, dass es doch ziemlich unbequem sein muss, seinen Kopf auf etwas derart Hartes zu betten. Warum nimmt Jakob nicht seine Jacke oder etwas anderes Weiches? Dies bleibt ein Geheimnis. Aber ebenso wie der Stein sind auch die Rituale immer etwas Handfestes. Ich mache eine Gebärde, verneige mich, knie nieder, reiche meinem Nachbarn die Hand oder zünde eine Kerze an. So wird sicht- und greifbar, was gemeint ist. Die Gedanken und der Sinn des Ganzen werden in der Gebärde unterstrichen.

Jakob träumt von der Himmelsleiter, auf der Engel auf- und niedersteigen. Rituale öffnen den Himmel über unserem Leben. Oben auf der Leiter steht Gott und verheißt Jakob, dass er ihm das Land, auf dem er sein Nachtlager aufgeschlagen hat, schenken wird. Und Gott verspricht ihm, dass er mit seinen Nachkommen zum Segen wird für die Menschen. Das ist für mich ein weiteres schönes Bild: Gott lässt in den Ritualen seinen Segen auf uns herniederfallen. Und Gott verheißt uns, dass unser Leben gelingen wird. So feiern wir in allen Ritualen, dass unser Leben unter dem Segen Gottes steht und dadurch gelingen wird.

Die Bilder, die Eberhard Münch zu diesem Buch gemalt hat, wollen uns einführen in die Kunst des Schauens. Indem wir auf die Farben und Symbole schauen, soll sich der Weg Jesu von der Taufe bis zum Tod und zur Auferstehung immer tiefer in uns einbilden, damit sich das Heil Jesu in alle Abgründe unserer Seele einprägt und sie verwandelt und heilt.

Eberhard Münch verdeutlicht in seinem ersten Bild die Dimensionen, die ein tiefes, »inneres« Schauen erreichen kann. In seinem Bild strahlt die Zuwendung und Liebe Gottes zu uns Menschen auf. Sonnengelb steht ganz besonders auch für den Ostermorgen, die Auferstehung Jesu, die Überwindung der Macht des Todes und der Finsternis.

Liturgische Farben

Die Farben des Kirchenjahres

Die Kirche hat das Geheimnis der Feste und Festzeiten, die sie im Laufe eines Kirchenjahres feiert, immer auch mit Farben ausgedrückt. Die Festlegung auf vier liturgische Farben erfolgte allerdings erst unter Papst Innozenz III. (1161–1216). Schon immer hatten die Farben in der Liturgie ihre Bedeutung. Die Farbe unterstützt das, was wir feiern. Sie bewirkt im Menschen eine ganz bestimmte Stimmung. Sie öffnet das Herz des Menschen für das, was die Liturgie zum Ausdruck bringt. Und die Farbe vermittelt das Geheimnis der Erlösung jeweils auf verschiedene Weise. Das, was Christus an uns getan hat, bekommt durch die Farbe eine ganz bestimmte Färbung, die sich dann auf unsere Seele legt. Wir sollen nicht nur durch die Worte, die wir hören, sondern auch durch die Farben, die in der Liturgie gezeigt und getragen werden, in unserem Herzen berührt werden.

In der Deutung der Farben halte ich mich an die erhellenden Ausführungen, die die von C. G. Jung stark beeinflusste Psychotherapeutin Ingrid Riedel in ihrem Buch *Farben. In Religion, Gesellschaft, Kunst und Psychotherapie* beschrieben hat. Die Zahlenverweise in diesem ersten Kapitel beziehen sich alle auf ihr Buch, dem ich wesentliche Einsichten in das Geheimnis der Farben verdanke.

Weiß

An Weihnachten und in der Weihnachtszeit, an Ostern und die ganze Osterzeit hindurch sowie an allen Heiligenfesten (außer an denen der Märtyrer, die ihr Leben für ihren Glauben geopfert haben) trägt der Priester ein weißes Messgewand. In der evangelischen Kirche kommt noch der Michaelistag hinzu. Das weiße Messgewand erinnert uns an den hellen Raum in unserer Seele, der klar und rein ist, weil Christus darin wohnt. Die Kirche drückt mit der weißen Farbe aus, dass wir *durch Jesus Christus rein gewaschen* wurden, dass all die Trübungen geklärt werden, die die Bilder, die durch unsere Schuld entstehen und die andere uns übergestülpt haben, in uns bewirken. Weiß ist die Farbe der Unschuld. Wir kommen durch Jesus Christus mit dem lauteren und reinen Kern in uns in Berührung. All das, was dieses Ursprüngliche und Klare in uns verdunkelt, wird durch Christus weggewischt. Auch ein Bild für uns selbst. Wir sind durch Jesus Christus in unserer wahren Gestalt wiederhergestellt worden. Durch Christus haben wir den ursprünglichen Glanz, den Gott uns geschenkt hat, wieder erhalten. Auch in uns gibt es einen unverfälschten und unbefleckten Kern. Dort, wo Christus in uns wohnt, hat die Sünde keinen Zutritt zu uns.

Eberhard Münch hat das Weiß als *den inneren klaren Raum in uns* gemalt, der von außen bedroht ist vom Dunkel und von der Zerrissenheit der Sünde und vom Grau des Alltags.

Weiß bewirkt Festlichkeit, Fröhlichkeit. Es macht das Leben hell. Es taucht alles in Licht. Die Analytikerin Ingrid Riedel sagt vom Weiß: »Als Farbe des Lichts bedeutet Weiß Erleuchtung, Ver-

klärung, Auferstehung und Vollkommenheit ... Es ist Ausdruck des Absoluten, des Anfangs und des Endes, der Fülle und der Leere sowie deren Vereinigung. Als das Anfängliche ist es das Einfache und die Einfalt.«[2] An Weihnachten feiern wir die Vergöttlichung des Menschen – in Christus. Wenn Gottes Leben und Liebe uns durchdringt, dann kommen wir mit dem ursprünglichen Bild Gottes in uns in Berührung. Gott feiert in der Menschwerdung Hochzeit mit dem Menschen. So sieht es Johannes in seinem Evangelium (Johannes 2,1–10). Die Hochzeit feiert die Braut immer mit einem weißen Brautkleid. An Ostern feiern wir den Sieg des Lebens über den Tod, den *Sieg des Lichtes über die Dunkelheit.* Daher begehen wir das Fest mitten in der Nacht in weißen Gewändern. Die Dunkelheit der Nacht ist durch das Osterlicht überwunden. An den Tagen der Heiligen feiern wir, dass sie durch Jesus Christus weiß geworden sind, rein und klar, dass in ihnen etwas aufstrahlt von Gottes Glanz.

Weiß ist auch die Farbe der Marienfeste. Maria ist das Bild der Immaculata, der Reinen und Makellosen. In ihr erkennen wir, dass auch in uns – trotz aller Sünde und Schuld, die wir auch in uns kennen – etwas Lauteres und Reines ist, das durch die Sünde nicht infiziert ist. Zahlreiche weiße Blumen sind in der Tradition Symbole für Maria geworden. Maria wird mit einer weißen Lilie dargestellt. Aber auch die weiße Rose oder das Maiglöckchen werden Maria zugeordnet. Die Künstler wollen sie nicht über uns stellen, sondern sie soll ein Urbild für uns selbst darstellen, damit wir sie meditieren und so mit dem Reinen und Lauteren in uns in Berührung kommen.

Für den Maler Wassily Kandinsky hat Weiß immer auch mit Transzendenz zu tun. Weiß ist für ihn »Symbol einer Welt, wo alle Farben, alle malerischen Eigenschaften und Substanzen verschwunden sind. Diese Welt ist so hoch über uns, dass wir keinen Klang von dort hören können. Es kommt ein großes Schweigen von dort.«[3] Im Weiß bricht die Transzendenz in unser Leben ein. Gottes Glanz leuchtet auf und zeigt uns, dass dieser Glanz auch uns verwandelt. Wir spiegeln Gottes Herrlichkeit wider.

Zur Farbe Weiß assoziieren wir oft Schnee, Ei und Milch. Diese drei Bilder zeigen uns etwas Wesentliches über diese Farbe und machen klar, warum Weiß gerade so in der Liturgie Verwendung findet.

Weißer Neuschnee steht für das Unbetretene, für das Jungfräuliche, Unschuldige. Weiß ist die Verheißung, dass unsere Schuld abgewaschen ist und wir mit dem Unschuldigen und Jungfräulichen in uns in Berührung kommen. Das weiße Ei ist Bild der Fruchtbarkeit. »Das weiße orphische Weltenei ist Sinnbild der Totalität schöpferischer Kräfte«, stellt Ingrid Riedel fest.[4] So will uns das Weiß der Liturgie zeigen, dass Gott uns am Reichtum seines Lebens durch seine Menschwerdung teilhaben lässt, dass er uns mit seinem Geist erfüllt und uns darin mit vielen Gaben und Fähigkeiten beschenkt hat.

Milch steht für seelische und geistige Nahrung und mit ihrer weißen Farbe für die Unsterblichkeit. Den Neugetauften wurde in der frühen Kirche bei der ersten Eucharistiefeier Milch und Honig gereicht. Maria wird oft als stillende Mutter dargestellt, aus deren Brust ein weißer Strahl von Milch auf uns herabfließt. Gott selbst stillt uns mit seiner Liebe. All das mag das Weiß der Liturgie bedeuten.

Weiß ist aber auch die Farbe der Initiation. Die Neugetauften tragen weiße Kleider. Die alte Existenz wird ausgelöscht und eine neue Existenz in Jesus Christus begonnen. Wenn eine Schwester in den Orden eintritt, bekommt sie ein weißes Gewand. Davon kommt der Name »Kandidatin« (von »candidus« = »weiß«). Weiß in der Liturgie verheißt uns also, dass Gott einen neuen Anfang mit uns feiert, dass wir nicht festgelegt sind auf das Vergangene.

Gott macht alles in uns neu. So sollen wir aufhören, uns mit vergangenen Fehlern und Versäumnissen zu quälen und sie uns ständig vorzuwerfen. Das Alte ist vorbei. Neues kann beginnen.

Im letzten Buch der Bibel, im Buch der Offenbarung, sitzt Gott auf einem weißen Thron. Davor stehen in weißen Gewändern die Erlösten: »Dies sind jene, die aus der großen Bedrängnis kommen; sie haben ihre Gewänder gewaschen und im Blut des Lammes weiß gemacht. Deshalb stehen sie vor dem Thron Gottes und dienen ihm bei Tag und Nacht in seinem Tempel« (Offenbarung 7,14 f.). So erinnert uns die Farbe Weiß daran, dass wir jetzt zwar noch in Bedrängnis sind, aber später gewiss vor dem Thron Gottes stehen werden. Durch das Blut des Lammes sind wir schon weiß gewaschen. Wir sind hier und heute schon erlöst und feiern mitten in der Welt, dass wir als freie und festlich gekleidete Menschen herausgenommen sind aus den Konflikten dieser Welt. Jetzt im Augenblick der Liturgie haben wir schon teil am Heil, das in Jesus Christus an uns geschehen ist und in der Liturgie immer wieder neu an uns geschieht. *So verweist uns die Farbe Weiß auf den Himmel, der sich in jeder Feier über uns öffnet.*

Rot

In roten Gewändern feiert die katholische Kirche das Pfingstfest, die Feste der Märtyrer, Palmsonntag und Karfreitag. In evangelischen Gemeinden wird der Reformationstag in Rot begangen. Früher trug der Priester am Karfreitag schwarze Messgewänder. Doch bei der Liturgiereform wollte man am Karfreitag nicht die Trauer in den Mittelpunkt stellen, sondern die Liebe Gottes, die in Jesu Tod am Kreuz am sichtbarsten geworden ist. Rot ist vor allem die Farbe des Blutes. Deshalb wird sie an den Festen der Märtyrer getragen, die ihren Glauben mit ihrem Blut bezeugten. Und es ist *die Farbe der Liebe und des Feuers.* Daher wird sie an Pfingsten getragen. Der Heilige Geist wird auch als Glut bezeichnet. Die Glut, die uns davor bewahrt, auszubrennen. Er ist die Glut der Liebe, die uns wärmt. Paulus sagt vom Heiligen Geist, dass durch ihn die Liebe Gottes in unsere Herzen ausgegossen worden ist. Im Bild von Eberhard Münch auf der übernächsten Seite kommen all diese Aspekte des Rot zur Sprache: die Glut des Heiligen Geistes, das Blut dessen, der für uns gestorben ist, und die Liebe, die bedroht ist durch aggressive und zerstörerische Gefühle. Diese werden in den schwarzen Linien angedeutet. Aber wir können die berechtigte Hoffnung haben, dass sich das helle Rot gegen alle anderen Schattierungen durchsetzen wird.

Die Farbe Rot hat viele Nuancen. Rot ist die Lieblingsfarbe der Kinder. Wichtige Gegenstände im Leben des Kindes sind rot: der rote Roller, der rote Ball, das rote Herz, das immer und überall als Zeichen der Liebe erscheint. Jolande Jacobi, eine Schülerin von

C. G. Jung, nennt einige Assoziationen zu Rot: »Blut und Feuer, die Empfindungen: warm, heiß und unruhig; die Ausdruckswerte: Frische, Vitalität, Lebenssteigerung; Nähe, Sinnlichkeit, Sexualität, Leidenschaft, Erregung, Aufruhr, Rebellion, Krieg, Kampf, Gefahr, Lebensbedrohung.«[5] Die Farbe Rot wirkt immer aktivierend und stark erregend. Rot erinnert an die Lebenshingabe, an das Vergießen des Blutes für andere. Und Rot ist die Farbe des Eros. Das Blut ist immer mit beidem verbunden: mit der Idee des Opfers und mit dem Motiv der Liebe. Diese Eigenschaften sind es offensichtlich, die die Kirche bewogen haben, das Fest der Apostel und Märtyrer in roten Gewändern zu feiern. Die rote Farbe macht auf sich aufmerksam. Sie ist nicht zu übersehen. In ihr drücken wir aus, dass die Märtyrer ihre Liebe zu Christus mit ihrem Blut bezeugt haben. Christus selbst ist das Urbild des Märtyrers. Er hat für uns sein Blut vergossen, weil er seine Liebe bis zur Vollendung durchgehalten hat: »Es gibt keine größere Liebe, als wenn einer sein Leben für seine Freunde hingibt« (Johannes 15,13). In jeder Eucharistiefeier schenkt uns Christus seinen Leib und sein Blut. Der Wein, der in sein Blut verwandelt wird, war in der Antike meistens Rotwein. Er galt als Blut der Erde. Im Wein ist die ganze Frucht und Liebe des Kosmos zusammengefasst. Jesus nimmt nun den roten Wein als Bild für sein Blut, das er am Kreuz für uns vergießt. So sind in der roten Farbe Blut und Liebe schon immer miteinander verbunden. Palmsonntag als Beginn des Leidens Jesu und Karfreitag als Vollendung der Hingabe werden daher in roten Gewändern gefeiert.

Doch es gibt noch eine andere Dimension: Rot steht auch für das Feuer. Feuer wärmt. Man kann damit kochen. *Das Feuer wandelt die Dinge.* Es reinigt, brennt alles Minderwertige aus. Gold wird im Feuer geläutert. Feuer gilt als Bild der Verwandlung. Doch wir sprechen auch vom Feuer der Begeisterung. Wir feuern andere Menschen an. Wir halten flammende Reden. Jemand brennt darauf, unbedingt etwas zu tun. Eine Fußballmannschaft, die verloren hat, brennt auf Revanche. All diese Assoziationen sind wohl der Grund, warum die Kirche Pfingsten in Rot feiert.

Viele Menschen sind heute ausgebrannt. In ihnen brennt kein Feuer der Begeisterung oder der Leidenschaft mehr. Sie sind leer geworden. Das Pfingstfest will uns mit der inneren Glut in Berührung bringen. Das wird auch unsere Sprache erwärmen. Heute wird oft eine kalte Sprache gesprochen. Sie verschließt die Menschen. Eine wärmende Sprache öffnet die Herzen. An Pfingsten sind die Jünger begeistert. Von der Glut des Heiligen Geistes erfüllt, hat Petrus den Mut, eine flammende Rede zu halten, die viele Zuhörer mitreißt und etwas in Bewegung bringt. Er erreicht mit seiner Rede die Menschen, die mit ihrer Sehnsucht in Berührung kommen und auf einmal verstehen, was Petrus ihnen sagt. Er trifft sie mitten ins Herz (Apostelgeschichte 2,37). Jesus selbst hat so gesprochen, dass die Emmausjünger sich fragten: »Brannte nicht unser Herz in uns, als er unterwegs mit uns redete und uns den Sinn der Schriften eröffnete?« (Lukas 24,32.)

Der Heilige Geist ist auch der große Wandler. Wenn der Geist Gottes in unsere Herzen ausgegossen wird, dann verwandelt er unsere Kälte in Liebe, unsere Verschlossenheit in Offenheit, unsere Angst in Vertrauen, unsere Erstarrung in Lebendigkeit. *Es ist vor allem die Liebe, die uns verwandelt.* Der Heilige Geist ist für Paulus die Liebe Gottes: »Die Liebe Gottes ist ausgegossen in unsere Herzen durch den Heiligen Geist, der uns gegeben ist« (Römer 5,5). Wir dürfen diese Liebe nicht rein geistig verstehen. In ihr ist die Kraft des Eros enthalten. Der Eros bewegt uns, treibt uns an. Er verbindet in uns, was getrennt und gespalten ist. Die rote Farbe an Pfingsten will uns sagen, dass Gottes Liebe befruchtet und verwandelt. Dies ist durchaus auch im Hinblick auf die körperliche Liebe zu verstehen. Aber auch die geistige Liebe bleibt nur lebendig, wenn sie von der Kraft des Eros durchtränkt ist, wenn sie die Qualität der Farbe Rot in sich hat.

Als Bild für die erotisch-sexuelle Leidenschaft war Rot im Christentum oft gefürchtet. Es galt auch als Farbe für die Sünde. Doch die Liturgie hat diese Verteufelung nie mitgemacht. Sie schöpft aus dem Reich der Seele, in dem die archetypischen Bilder bereitliegen. Und sie hat immer um die Weisheit der Religionen gewusst, die Rot sowohl als Farbe des Mannes sieht, der erotisch und aggressiv auf andere zugeht, als auch als Farbe der Frau, die durch die monatliche Blutung eine besondere Beziehung zu dieser Farbe hat. Ingrid Riedel schreibt dazu: »Wer Beziehung zu Rot hat, wer Rot liebt und vielleicht auch als Kleidung trägt, der hat auch in irgendeiner Weise Beziehung zum Körperlichen, Erdhaften und Mütterlichen. Wer gar keine Beziehung zu Rot gewinnen kann, wer Rot ablehnt und es nie tragen würde, der hat vermutlich eine belastende Beziehung zur Mutter und zum Mütterlichen.«[6] Die rote Farbe will uns an diese männliche und weibliche Qualität der Liebe und des Eros erinnern. Beides braucht der Mensch, um ganz zu werden. Wer das Rot ausschließt aus seinem Leben, dem fehlt die Leidenschaft. Er wird langweilig und verliert seinen Antrieb. Matthias Grünewald hat auf dem Isenheimer Altar sowohl Maria Magdalena als auch Johannes, den Lieblingsjünger Jesu, in roten Gewändern dargestellt. Sowohl die erotische Liebe der Frau als auch die Freundschaftsliebe des Mannes werden durch das Rot ausgedrückt. Beide Qualitäten sind immer auch anwesend, wenn die Liturgie in der Kirche in roten Gewändern gefeiert wird.

Wenn Priester und Ministranten im roten Messgewand einziehen, entsteht in der Kirche eine Atmosphäre von Lebendigkeit und Liebe. Die Liebe Gottes, die damit sichtbar wird, hat aber immer auch eine erotische Färbung. Sie prägt die Welt. Sie hat in der Welt ein Feuer entfacht. *An der Glut dieser Liebe dürfen wir uns wärmen.* Sie will auch uns entflammen, damit wir in die Welt hinausgehen als Menschen, die voller Liebe und Glut sind, und dadurch die Welt wärmer und lebendiger wird.

Grün

Grün ist die Farbe für die Tage des Jahreskreises außerhalb der kirchlichen Feste. In der Advents- und Fastenzeit, der Weihnachts- und in der Osterzeit bestimmen andere Farben das Geschehen. In den übrigen Zeiten trägt der Priester grüne Messgewänder. Grün ist die Farbe der Hoffnung. Diese Hoffnung, die mit der Feier von Tod und Auferstehung aufscheint, will immer tiefer in unsere Herzen dringen, damit sie auch in uns wächst und blüht. Es ist die Hoffnung, dass alles Erstarrte in uns aufgebrochen werden kann zu neuem Leben, dass das Leben über den Tod siegt und die Liebe stärker ist als die Vergänglichkeit unseres Daseins.

Von der Symbolik her hat Grün vor allem mit der Natur zu tun. Im Abendland sehnen wir uns im Winter danach, dass der Frühling alles zum Grünen bringt. »Mit dem neuen Grün der Wiesen, Weiden und Felder keimt zugleich die Hoffnung auf die kommende Ernte, auf Erhaltung des Lebens, auf Sattwerden. Mit Grün verbindet sich primär ein ›Wiesengefühl‹: ausruhen, lagern, rasten und träumen«, formuliert Ingrid Riedel.[7] Jeder hat andere Assoziationen zur Farbe Grün. Der eine denkt an die grüne Wiese, die ihn trägt, auf der er sich geborgen fühlt, eingehüllt von Lebendigkeit und Liebe. Der andere denkt an die Farbe der Wälder. Sie beruhigen sein Gemüt. Der grüne Wald hat eine eigenartige Wirkung auf uns. Wir fühlen uns im Wald geborgen. Und durch den Wald zu gehen erfüllt uns mit neuer Kraft. Wir haben teil an der Kraft der Bäume. Wir riechen den Wald mit seinen vielfachen Gerüchen. Und wir atmen den frischen Sauerstoff, den uns der grüne Wald beschert.

Grün ist die Farbe des Anfangs. Am dritten Schöpfungstag befiehlt Gott: »Die Erde lasse junges Grün sprießen« (Genesis 1,11). Aus dem Grün entstehen die Pflanzen. Das deutsche Wort »grün« kommt vom althochdeutschen »gruoni«, das wachsen, grünen und gedeihen bedeutet. Grün ist das Junge und Frische. Die heilige Hildegard spricht von der Grünkraft, »viriditas«. Sie symbolisiert die Schöpferkraft Gottes und die Erneuerungskraft des Heiligen Geistes. Für sie hat die Grünkraft teil an der Heilkraft Gottes. Daher setzt sie grüne Edelsteine und grüne Blätter in ihrer Heilkunde ein. Die Grünkraft kommt aus der Ewigkeit. Sie hat die Fähigkeit, alles zu erneuern. Sie wirkt auch im Menschen. Der Mensch soll achtsam mit sich und seinem Leib umgehen, er soll seinen Tempel mit Umsicht in Ordnung halten, »damit jene Grünheit, mit der du Gott in Liebe umfängst, nicht Schaden nehme«.[8] Vorbild dieses Umgangs mit unserem eigenen Leib ist Maria, die Hildegard die »virgo viridissima« nennt: »die allergrünste Jungfrau«.[9] Der Mai als der Monat, in dem die Grünkraft überall aufleuchtet, wird besonders Maria geweiht. Maria erfüllt die Sehnsucht, die die Griechen im Mythos von Persephone ausgedrückt haben. Persephone, die in den Hades verbannt ist, erscheint in jedem Frühling wieder auf der Erde und bringt ihr das Grün. Und Maria erfüllt die Sehnsucht all der Mutterkulte, die in vielen Religionen gefeiert wurden und werden. Maria ist nicht Göttin. Sie ist die Frau, die Gott erwählt hat, damit sein Sohn aus ihr geboren wird. Die frühe christliche Kirche hat die Sehnsüchte der Menschen aufgegriffen und sie auf Maria gelenkt. In der Farbe Grün kommen jenseits aller Religionsgrenzen die Ursehnsüchte des Menschen zum Ausdruck, die

Sehnsucht, dass Gott alles in uns erneuert und das Erstarrte in uns wieder zum Grünen bringt.

Das Bild von Eberhard Münch möchte uns die vielfältigen Nuancen des Grün vor Augen führen, das zarte und helle Grün, sobald etwas neu zu wachsen beginnt, das dunkle Grün der Wälder, das Grün, das auf das Blau des Wassers angewiesen ist, um zum satten Grün zu werden, und das Grün, das Früchte bringt, in dem die roten Blumen aufleuchten. Grün verstärkt das Rot der Blüte. So zeigt sich etwas von der Grünkraft, von der Hildegard spricht, in diesem Bild.

Wenn die Kirche für die Sonn- und Werktage im Jahreskreis die grüne Farbe wählt, dann drückt sie damit die Verbindung des geistlichen Weges mit der Natur aus. Alles, was in der Natur geschieht, ist Bild für das, was im Erlösungswirken Jesu Christi geschehen ist. Christus als der Auferstandene wird oft – dem Johannesevangelium folgend – als Gärtner in grünen Gewändern dargestellt. In der Auferstehung hat das Leben über den Tod gesiegt, das Grün über die Erstarrung des Winters. *Grün als die Kraft, die alles erneuert, bezieht die Kirche auf den Heiligen Geist,* der alles in uns erneuert und verwandelt. Die Weisheit der Kirche besteht darin, dass sie die Ursehnsüchte, die die Menschen mit dem Grün verbunden haben, aufgreift und sie in den Raum der Kirche integriert. Viele tun sich heute schwer, in den Gottesdienst zu gehen. Sie machen ihre spirituellen Erfahrungen in der Natur. Die grüne Farbe beim Gottesdienst will die Verbindung zur Natur ausdrücken. Sie will in uns die Hoffnung stärken, dass auch in uns das Leben stärker ist als alles, was uns nach unten ziehen möchte, dass die Grünkraft das Vertrocknen verhindert und alles, was abgestorben ist, wieder zum Leben weckt. Die grüne Farbe im Gottesdienst will uns einladen, die Naturkräfte in uns selbst zu beachten und zu fördern. Wer die Naturkraft in sich verdrängt, der ist abgeschnitten von seiner eigenen Lebendigkeit. Grün ist die Farbe, die eine angenehme Wirkung auf den Menschen hat, eine beruhigende und versöhnende. Grün lädt uns ein, in uns Natur und Geist zu versöhnen, uns als Teil der Schöpfung Gottes zu verstehen und an die Erneuerungskraft des Heiligen Geistes zu glauben, der auch uns heute wandeln möchte.

Violett

Die violette Farbe wird in der Adventszeit und Fastenzeit getragen, außerdem bei Beerdigungen. Im evangelischen Raum gehört Violett zum Buß- und Bettag. Violett will zur Umkehr und Buße einladen. Buße kommt von »bessern«. Es geht also darum, es besser zu machen als bisher. Die violette Farbe lädt ein, nach innen zu gehen, sich zu besinnen, ob unser Leben noch stimmt, und die Schritte zu tun, die uns helfen, mehr dem Bild Gottes in uns zu entsprechen. Schon Johann Wolfgang von Goethe hat in seiner Farbenlehre Violett mit den »Schrecken eines Weltunterganges« verbunden.[10] Es geht in dieser Zeit des Kirchenjahres also darum, dass die alte Welt unseres Lebens untergeht und etwas Neues in uns wächst. Doch Violett betont mehr den Aspekt des Untergangs, des Vergehens, des Ablegens des alten Menschen. Die violette Farbe stimmt melancholisch, traurig und sehnsüchtig. Manche Farbpsychologen bezeichnen sie als Störfarbe. Sie stört das Alte und verweist auf das Neue, das werden will. Sie zielt auf Verwandlung. In unserer Zeit hat sich die feministische Bewegung Violett als die Farbe gewählt, mit der Frauen gegen die bestehende männliche Dominanz rebellieren. Violett integriert in sich männliche und weibliche Aspekte. Auch C. G. Jung hat Violett in diesem Sinn als Farbe der Androgynie, der Verbindung von Mann und Frau in einem einzigen Wesen, gedeutet.

Psychologen verstehen die Farbe Violett auf verschiedene Weise. Für die einen ist es eine beunruhigende Farbe. Manche meinen, im Violett sei keine wirkliche Vereinigung von Blau und Rot ge-

schehen, während andere sie als Farbe der Vermittlung sehen, »die den Ausgleich zwischen Erde und Himmel, Sinnen und Geist, Leidenschaft und Intelligenz, Liebe und Weisheit darstellen kann«.[11] Jolande Jacobi, die Schülerin von C. G. Jung, deutet Violett »als Farbe der Erhabenheit, der Mystik und der Weisheit«.[12] Die Kirche sieht in der Farbe Violett die Verbindung von Blau und Rot. Blau bedeutet dabei den Himmel und das Göttliche und Rot das Menschliche, Bluterfüllte. In der Fastenzeit geht es also darum, dass der Geist Gottes mit dem Menschen ringt und sein Fleisch und Blut zu durchdringen und zu verwandeln sucht.

Die Vielfalt, die das Violett uns anbietet, erscheint auch auf dem Bild von Eberhard Münch. Da gibt es das dunkle, melancholische Violett, das Violett, das uns zur Buße einlädt, und das helle Violett, das die Vereinigung aller Gegensätze symbolisiert. Auf jeden werden die einzelnen Nuancen des Violett anders wirken und andere Gemütszustände hervorrufen. *Die Vielfalt dieser einen Farbe will uns die Vielfalt unserer Stimmungen vor Augen führen* und uns die Gelegenheit schenken, allen Emotionen durch das Betrachten der unterschiedlichen Farbtöne Ausdruck zu verleihen.

Die verschiedenen Wirkungen, die Psychologen der Farbe Violett zuschreiben, sollen auch in der Liturgie der Advents- und Fastenzeit durch die violetten Messgewänder auf die Gottesdienstbesucher ausstrahlen. Eigentlich hat die Kirche die violette Farbe als Zeichen der Buße und Umkehr verstanden. Aber für die Menschen unserer Zeit hat Violett vielfältige Bedeutung und als Farbe einen besonderen Reiz. Früher war es die Farbe der Großmütter und Witwen. Heute ist es zu einer Modefarbe geworden, nicht nur für Feministinnen, auch für junge Männer. In dieser Farbe drückt sich ihre Sehnsucht nach Verzauberung und Verschmelzung aus. Sie möchten nicht mehr in sich zerrissen sein, sondern eins mit sich selbst. Sie möchten das Männliche und Weibliche, den Himmel und die Erde in sich miteinander verbinden. Sie sehnen sich nach mystischer Erfahrung, der Verschmelzung mit Gott.

Es ist durchaus angemessen, Violett heute mit anderen Augen zu sehen, nicht nur im Sinne der Tradition als Zeichen der Buße, sondern im positiven Sinn als *Sehnsucht nach Einswerden aller Gegensätze* und nach mystischer Erfahrung Gottes. Violett trägt in sich eine Antwort auf ein wesentliches Verlangen des Menschen. Gerade in einer Zeit, in der alles mehr und mehr auseinanderstrebt, wird der Wunsch nach Einswerden umso größer. Auch in der Adventszeit geht es letztlich um Sehnsucht. Wir sollen in dieser Zeit des Wartens offen werden für die Hoffnung auf das Neue, die Gott als Spur in unsere Herzen eingegraben hat. Es ist die Sehnsucht, dass durch das Kommen Gottes wir zu uns selbst und zu unserer wahren Gestalt kommen.

Die Fastenzeit ist nicht nur eine Zeit der Askese, sondern auch eine Zeit der Läuterung und Reinigung, in der unser Leib für Gott offen werden soll. Unser Körper für den Himmel, das Rot für das Blau.

Wenn der Priester bei Beerdigungen Violett trägt, drückt er damit die Hoffnung aus, dass der Verstorbene mit Leib und Seele zu

Gott kommt, dass sich in ihm Himmel und Erde verbinden, die Erde aufgenommen wird in den Himmel. So kann das neue Verständnis von Violett uns auch einen neuen Zugang zur Liturgie der Advents- und Fastenzeit geben und uns das Geheimnis des Todes und christlicher Trauerliturgie auf neue Weise erschließen.

Rosa

Die Farbe Rose ist als Aufhellung der violetten Farbe zu verstehen und keine eigene liturgische Farbe. Das Violett der Adventszeit und Fastenzeit wird an je zwei Sonntagen durch die Farbe Rosa unterbrochen. In der katholischen Kirche ist diese Tradition allerdings nur zum Teil verbreitet, im evangelischen Raum auch nur bei wenigen lutherischen Gemeinden. Am dritten Adventssonntag wird in der Liturgie der Introitus »Gaudete« – »Freuet euch« gesungen. An diesem Sonntag scheint schon die Freude des Weihnachtsfestes hinein in die Adventszeit. Am vierten Fastensonntag beginnt der Introitus mit »Laetare« – »Freue dich«. Und dieses »Laetare« wird in der Melodie angestimmt, mit der dann in der Osternacht das Osterhalleluja gesungen wird. Auch hier ist schon ein Schimmer von Ostern mitten in der kargen Fastenzeit sichtbar und hörbar. Dieser Vorschein wird in der katholischen Kirche jeweils durch ein rosafarbenes Messgewand sichtbar gemacht.

Rosa ist die *Farbe der Zärtlichkeit und der sanften Gefühle.* Es ist die Lieblingsfarbe der Mädchen, aber auch vieler Frauen. Von der Symbolik her verweist Rosa auf Tugenden wie Empfindsamkeit, Sanftheit, Bescheidenheit. Es ist eine eher leise Farbe. Heute wird Rosarot oft eher negativ gesehen. Es ist die Farbe, die alles schönmalt. So spiegelt es auch eine Redewendung: Man möchte am liebsten die Welt durch eine rosarote Brille anschauen, anstatt der Realität standzuhalten. Für manche ist Rosa eine kitschige Farbe. In der Werbung wird Rosa eingesetzt für süße Speisen. Eberhard Münch verlässt dieses allzu sanfte Verständnis des Rosa.

Für ihn ist das Rosa die Antwort auf die Bedrohungen aus den dunklen Bereichen der menschlichen Seele. Wenn Gottes Licht gerade in meine Dunkelheiten eindringt, komme ich in Berührung mit einer reinen und zarten Liebe, die sich im hellen Rosa durchsetzt gegen alle Bedrängnis von außen. Den Glanz des kommenden, des göttlichen Reiches, die Kraft der Auferstehung stellt er in seinem Bild mit goldenen Schwüngen dar.

Das rosarote Messgewand, das an den beiden Sonntagen im Advent und in der Fastenzeit getragen wird, kam erst in der Rokokozeit auf. Die Rokokozeit war die Zeit der Pastellfarben. Zur damaligen Kultur gehörte es, die traditionellen Farbzuordnungen zu mischen. So trugen Männer oft rosarote Kleider, während Frauen hellblaue Kleider bevorzugten. Adelige Herren stifteten ihre rosaroten Gewänder der Kirche. So wurde erst 1729 Rosa zur liturgischen Farbe.[13] Doch solch ein Brauch entsteht nicht nur durch Zufälle, sondern weil er Antwort gibt auf eine tiefe Sehnsucht der Menschen.

So war es offensichtlich ein Bedürfnis der Gläubigen, die Freude, die die liturgischen Texte prägt, auch in der Farbe des Messgewandes auszudrücken. Wenn wir diesen Brauch heute weiterführen, müssen wir ihn mit neuem Inhalt füllen. In dieser Farbe klingt das Neue an. Neugeborene Mädchen werden oft mit rosa Kleidern angezogen. *Rosa ist die Farbe des jungen Lebens.* Mitten in der Adventszeit leuchtet schon Weihnachten in den rosa Messgewändern des dritten Adventssonntags auf, die Verheißung, dass Gott unser Leben erneuert, weil er es vergöttlicht. Am dritten Adventssonntag begegnen wir dem Messias, auf den Johannes der Täufer verweist. Er ist die Verheißung, dass Gott mit uns durch die Geburt seines Sohnes einen neuen Anfang feiert. Am vierten Fastensonntag wird das Geheimnis von Ostern vorweggenommen. Ostern ist die Verheißung, dass alles Erstarrte und Altgewordene wieder jung wird durch die Auferstehung Jesu. In der Liturgie des vierten Fastensonntags sehen wir, symbolisiert durch das rosa Messgewand, die Verwandlung und Erneuerung unseres Lebens in der Auferstehung Jesu.

Schwarz

Früher hat man in der katholischen Kirche bei der Beerdigung schwarze Messgewänder getragen, außerdem am Karfreitag, an dem man des Todes Jesu gedachte. Die Liturgiereform des Zweiten Vatikanischen Konzils hat die Farbe Schwarz durch Violett ersetzt. Aber für den katholischen Priester hat die Kirche als offizielle Kleidung den schwarzen Anzug vorgesehen. Die Mönche tragen schwarze Gewänder. Der evangelische Pfarrer hat traditionellerweise einen schwarzen Talar zum Gottesdienst und auch bei Beerdigungen an. Und Trauernde tragen auch heute noch Schwarz. Aber es gibt auch feierliche Anlässe, bei denen Männer wie Frauen schwarze Kleider anhaben. Ja, es gibt Menschen, die sich auch sonst gerne schwarz kleiden. So möchte ich doch ein paar Gedanken zum Schwarz entfalten.

Schwarz ist die Farbe der Nacht, in der alles dunkel ist. Die Kohle ist schwarz. Schwarz ist die Verneinung der Farbe. So kann Schwarz auf ein verkohltes Leben hinweisen, auf Trauer und Tod. Aber Schwarz kann auch Festlichkeit bedeuten: den *Verzicht auf äußeren Glanz.* Nicht der persönliche Eindruck ist wichtig, sondern der Anlass, der uns zum Fest zusammenführt. Ich verzichte auf eigenen Glanz, um den Glanz des Ereignisses zu feiern. Schwarz kann auch auf das dunkle Geheimnis des Lebens hinweisen. Die Finsternis der nächtlichen Stunden macht offen für das Geheimnis des menschlichen Lebens. In der Dunkelheit der Nacht, in der schwarzen Höhle wird Christus geboren. Er erneuert die dunkel gewordene Welt. Er ist das Geheimnis, das alles durchdringt und erhellt. Er ist das Leben, das gerade an der Stätte des Todes siegt.

Isis, die Muttergöttin des alten Ägypten, erscheint in der schwarzen Farbe. Schwarz ist seit alters auch immer wieder die Farbe der Erde, aus der alles geboren wird. Auch von Christen wird an vielen Orten eine schwarze Madonna verehrt: in Einsiedeln, in Montserrat, in Altötting, in Tschenstochau und vielen anderen Wallfahrtsstätten. Sicher steht hinter alldem auch eine Ursehnsucht. Maria ist nicht nur die reine Jungfrau, sondern auch die Frau als Bild für die Mutter Erde. Aus ihr wird Christus geboren. Die Erde, auf Ikonen auch oft schwarz dargestellt, wird befruchtet, weil Gott selbst aus ihr geboren wird.

Die Kirche hat Schwarz als liturgische Farbe abgeschafft. Aber die größten Feste werden gerne nachts gefeiert, wie zum Beispiel Weihnachten und Ostern. *Dort, wo es am dunkelsten ist, soll das Licht der Menschwerdung aufscheinen und die Auferstehungssonne alles erhellen.* Die Kirche will damit Hoffnung schenken, dass auch die größte Finsternis vom Licht Gottes erleuchtet werden kann und dass die Schwärze des Todes durch das Weiß der Auferstehung besiegt wird. Der Glaube, dass es seit der Auferstehung Jesu keine Dunkelheit mehr gibt, wird durch das Bild von Eberhard Münch gespiegelt. Das Kreuz ist hier nicht dunkel, sondern Licht. Indem die Liebe Jesu am Kreuz in die tiefste Dunkelheit menschlicher Bosheit hineingegangen ist, wurde die Finsternis besiegt. Und es tut sich ein Spalt eines reinen Weiß auf, ein Bild für die Auferstehung, die das Schwarz des Todes in Licht verwandelt. Ein neuer Weg.

Gold

An besonderen Festtagen trägt der Priester in manchen Kirchen statt des weißen ein goldenes Messgewand. Es hebt die Festlichkeit hervor. Gerne wird ein goldenes Messgewand am Fest Christkönig getragen, das am letzten Sonntag im Kirchenjahr gefeiert wird. Andere tragen Gold an Ostern, um den Sieg des Lebens zu feiern. Eine eigenständige, offiziell festgelegte liturgische Farbe ist Gold jedoch in beiden großen Kirchen nicht.

Golden sind immer die heiligen Gefäße: der Kelch, in dem Wein in das Blut Christi verwandelt wird, und die Schale mit Hostien. Auch Leuchter und das Weihrauchfass sind oft in Gold gehalten.

Gold ist nicht nur eine Farbe, sondern auch ein kostbares Material. Beides gehört hier zusammen. Die goldene Farbe hat Anteil an der besonderen Wirkung des edlen Materials. Gold ist Sinnbild für die Ewigkeit und Vollkommenheit. Es ist seit jeher ein Sonnensymbol. Im Christentum wurde es vor allem mit der Sonne der Auferstehung in Verbindung gebracht. Christus hat unser Leben durch seine Auferstehung vergoldet. Er hat uns göttliches Leben geschenkt, das stärker ist als der Tod. Gold ist zugleich ein Symbol für die Liebe. Die Ikonenmaler haben ihre Bilder von Christus und den Heiligen auf Goldgrund gemalt. Sie drückten damit aus, dass die von ihnen dargestellten Personen von Liebe geprägt sind. Und das Gold zeigt, dass das ewige Licht sich in diesen Menschen spiegelt. Durch die Heiligen fällt das göttliche Licht in diese Welt ein. Auf ihrem Antlitz spiegelt sich das Licht Gottes. Der Glanz der himmlischen Welt fällt auf uns. Dafür steht das Gold. So drückt die Kirche

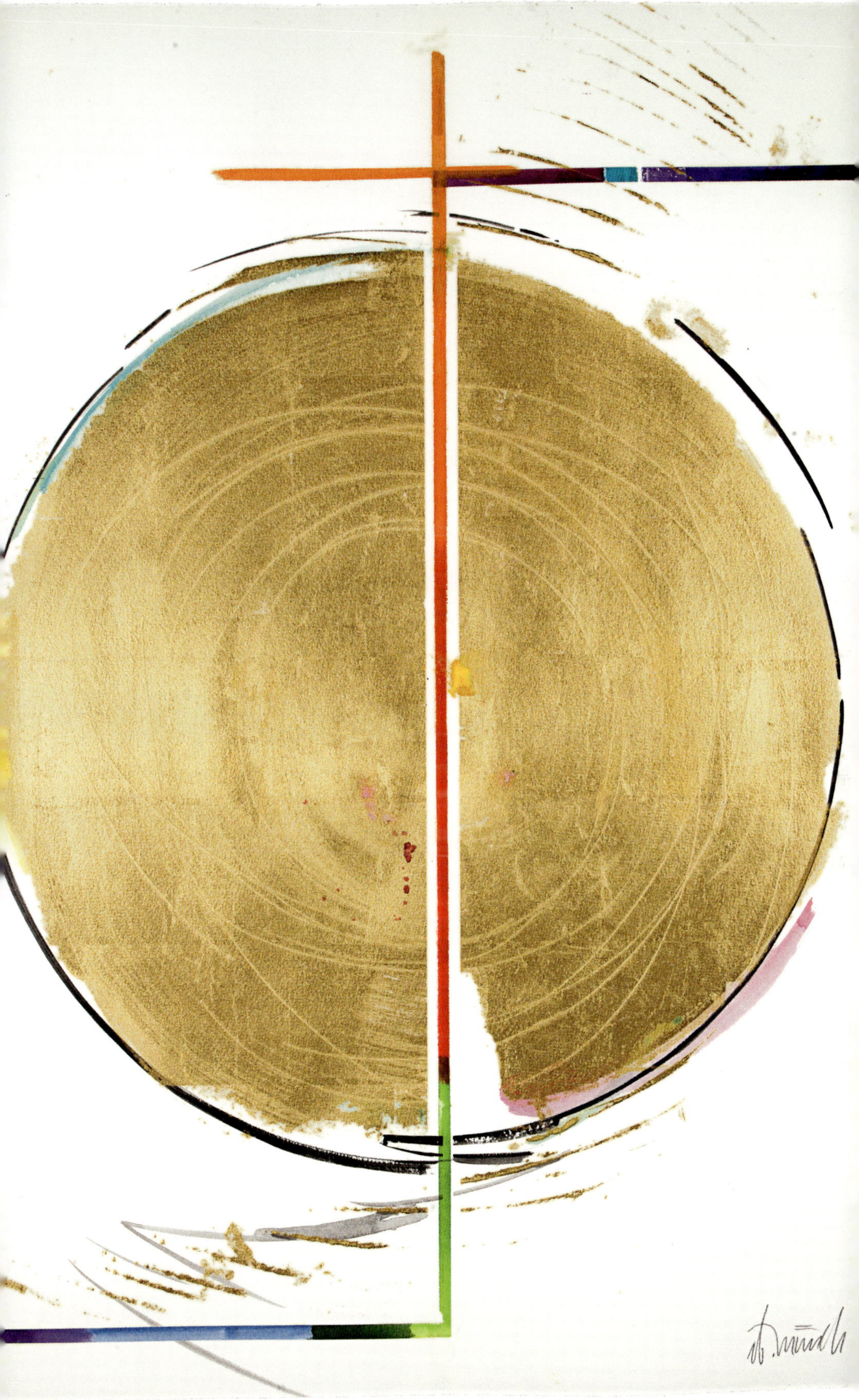

in den goldenen Messgewändern und den goldenen Altargefäßen aus, dass es in der Liturgie um das Licht Gottes geht, das uns erleuchten möchte.

Gold ist zugleich ein Bild der Verwandlung. Gold wird im Feuer geläutert. Die Alchemisten wollten Steine in Gold verwandeln. Das Gold der Liturgie schenkt uns die Hoffnung, dass auch unser Leben verwandelt werden kann, dass es so kostbar wird wie das Gold. Alles, auch das Dunkle und Steinige in uns, wird zu Gold. Alles wird von göttlichem Leben erfüllt. Aber der Prozess der Verwandlung kann durchaus schmerzlich sein. Christus hat zuerst gelitten und ist am Kreuz qualvoll gestorben, bevor er im Licht auferstanden ist. Bis alles in uns in Gold verwandelt wird, werden auch wir durch manches Feuer der Anfechtung hindurchgehen müssen. Das zeigt auch das Bild in diesem Buch: Das Gold verwandelt das Dunkle, es läutert in uns, was unrein und unklar ist. Und es bringt alles zusammen, was in uns gespalten ist. Das Kreuz und der Kreis sind Bilder der Einheit. Das Gegensätzliche in uns wird im Kreuz zusammengehalten, im goldenen Kreis aber zur Einheit zusammengeschmolzen, damit alles in uns in der Liebe Gottes eins wird und die innere Spaltung in uns für immer überwunden ist.

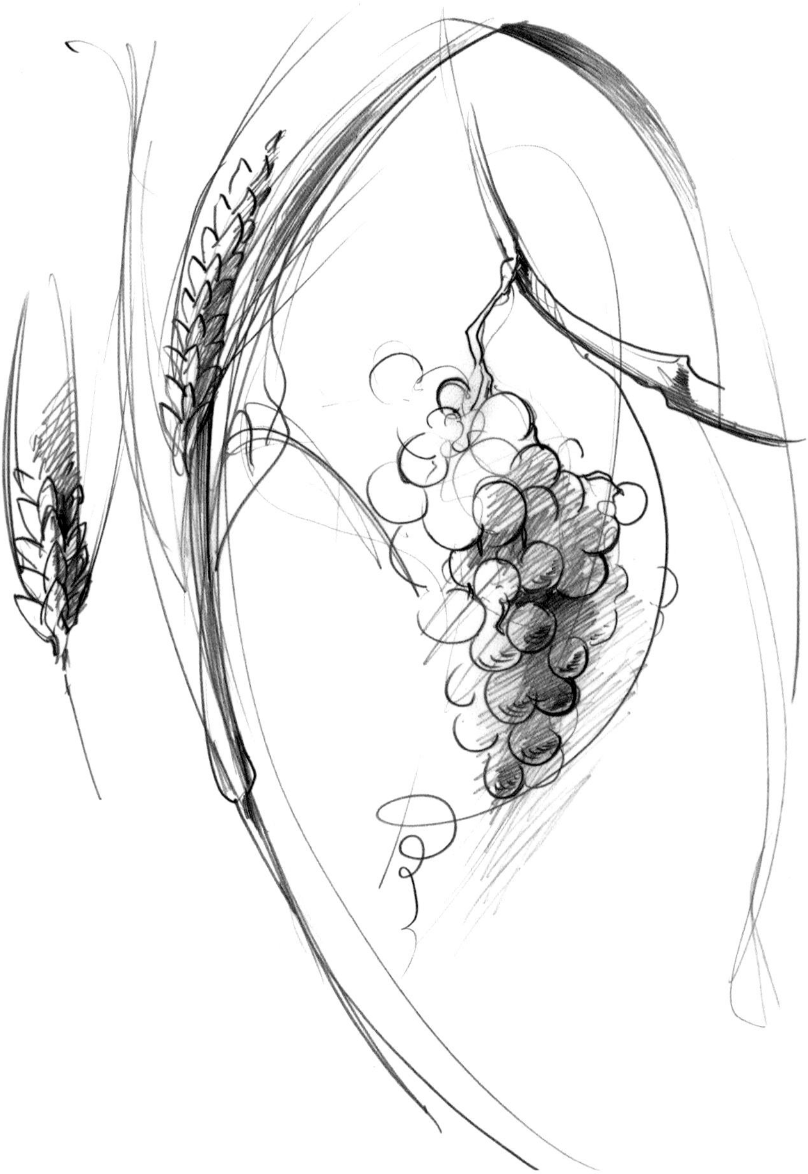

Christliche – biblische – Symbole

Zeichen des Glaubens

Die Liturgie und die christliche Spiritualität arbeiten mit Symbolen. Sie bringen die göttliche Welt und die menschliche Welt zusammen, wie es das griechische Wort »symballein« zum Ausdruck bringt. »Symballein« bedeutet nicht nur »zusammenwerfen«, sondern auch »im Geiste zusammenstellen, bei sich bedenken, zusammentreffen, einander begegnen«. *Im Symbol begegnen sich Himmel und Erde.* Von Maria wird gesagt, dass sie die Worte der Hirten in ihrem Herzen bewegte, dass sie das Gesagte und das, was sie an ihrem Kind in der Krippe mit eigenen Augen sah, einander begegnen ließ, sodass sie das Geheimnis des Kindes verstand (Lukas 2,19). Im Symbol lassen wir in unserem Herzen das Sichtbare und das Unsichtbare einander begegnen, sodass uns an dem, was wir sehen, das Geheimnis Gottes und unseres Lebens aufgeht. Wir schauen auf das Äußere und meditieren das, was wir sehen, um darin das Unsichtbare zu erkennen: Gott, der sich uns zuwendet, Gott, der uns Heil und Erlösung verheißt.

Symbole sind Bilder, aber keine Bilder, die einen Inhalt haben wie etwa die Gemälde der großen Maler. Vielmehr stellen sie einen einfachen Gegenstand oder ein Tier dar, das für etwas anderes steht, das etwas Tieferes symbolisiert. Diese Zeichen haben die Aufgabe, den Menschen in der Tiefe seines Unbewussten für Gott aufzuschließen. Sie wirken auf den Menschen. Sie bringen in ihm das Bewusste und Unbewusste zusammen. Und sie haben die Funktion, den Menschen auf sein Selbst hin zu zentrieren. Sie bringen ihn in seine Mitte.

Nach C. G. Jung haben die Symbole eine transformatorische Kraft: »Die Symbole funktionieren als Umformer, indem sie Libido aus einer niederen Form in eine höhere überleiten.«[14] Sie verwandeln die triebhafte Energie des Menschen und lenken sie auf eine geistige Ebene um. Sie öffnen den Menschen, holen ihn in seiner irdischen Existenz mit all seinen Schattenseiten ab und richten ihn auf Gott hin aus. Symbole können in uns die Gegensätze zwischen Geist und Trieb, zwischen Himmel und Erde vereinen. Sie leiten unbewusste Inhalte ins Bewusstsein und integrieren sie in die Ganzheit des Menschen. Wenn die Energie, die mit unbewussten Inhalten verbunden ist, nicht ins Bewusstsein einfließen kann, entstehen für Jung grundlose Phobien und überspannte Ideen. So haben die Symbole nach C. G. Jung eine heilende Funktion für den Menschen. Auf dem Hintergrund der jungschen Psychologie möchte ich einige wichtige Symbole der christlich-biblischen Tradition darstellen.

Das Kreuz

Das zentrale Symbol des Christentums ist das Kreuz. In den ersten sechs Jahrhunderten hat man nur das Kreuz ohne die Gestalt Jesu dargestellt. Das Kreuz war also reines Symbol. In den barocken Darstellungen wird das Kreuz zum Bild. Es drückt den Leidenskampf Jesu aus. Und jeder Künstler hat seine eigenen Empfindungen in diese Bilder hineingemalt. Das Kreuz als Symbol ist etwas anderes. Es stellt etwas dar, unabhängig von der künstlerischen Leistung dessen, der das Kreuz gefertigt oder gemalt hat. Dabei gibt es in der Tradition des Christentums viele verschiedene Kreuze: das Radkreuz, das Andreaskreuz, das gleichschenklige Kreuz und viele andere mehr.

Das Kreuz war schon vor Christus ein Heilssymbol. Es drückte aus, dass alle Gegensätze miteinander eins werden. Es zeigt also, wie der Mensch heil und ganz werden soll. Wer auf das Kreuz schaut, soll es in sich einbilden und sich mit seinen Gegensätzen versöhnen. In fast allen Religionen ist das Kreuz ein wichtiges Symbol. Im alten Ägypten war das Henkelkreuz Zeichen für »Leben«. Weit verbreitet ist auch das Radkreuz. Es gilt als Bild der Sonnenscheibe. Es findet sich sowohl in Asien als auch in Europa. Viele Städte sind nach diesem Muster des Radkreuzes gebaut, vor allem Rom, das als »Roma quadrata«, als viergeteilte Stadt, geplant worden ist. Im nordgermanischen Bereich gibt es das Hammerkreuz. Es gilt als Waffe des nordischen Gottes Thor. Bei den Indianern in Lateinamerika gibt es das Kreuz in chi-förmiger Gestalt, die bei uns als Andreaskreuz bekannt ist. In allen Kulturen ist das Kreuz also ein kosmisches Symbol und ein Symbol für den Segen, den die Götter dem Menschen schenken, für Leben und Glück. Unabhängig vom Tod Jesu am Kreuz ist es schon immer ein Heilszeichen, ein Zeichen, das uns hinweist auf das wahre Leben, das uns zeigen möchte, wie menschliches Leben gelingt.

In Israel ist das T ein Heils- und Schutzzeichen. So heißt es in Ezechiel 9,4: »Geh mitten durch die Stadt, mitten durch Jerusalem und schreib ein Taw auf die Stirn der Männer, die seufzen und stöhnen über all die Gräueltaten, die in ihr begangen werden!« Wer mit dem T gezeichnet ist, der wird vor Vernichtung bewahrt. Die frühen Christen haben mit Blick auf diese Bibelstelle die Tradition der Stirnsignierung mit dem Zeichen des Kreuzes begründet. *Das Kreuzzeichen, das sich die Christen auf die Stirn zeichnen, ist ein Zeichen der Rettung,* wenn die Welt zu Ende geht, und gleichzeitig ein Eigentums-, Schutz- und Weihezeichen.

Wer sich mit dem Kreuz bezeichnet, der gehört ganz und gar Christus an, er weiht sich ihm und erfährt von ihm Schutz in allen Bedrängnissen dieser Zeit. Ihm können die Feinde der menschlichen Seele nicht schaden. Er ist geschützt vor der Macht des Bösen.

Die Kirchenväter haben in der Beschreibung des Kreuzes nie nur auf den Tod Jesu geschaut. Sie haben vielmehr das Kreuz, an dem Jesus gestorben ist, mit den Aussagen griechischer Philosophie und Mythologie über das Kreuz verglichen und so die christliche Botschaft von der Erlösung am Kreuz für die Vertreter der griechischen Philosophie verständlich gemacht. Im Bild des Kreuzes wird die Sehnsucht aller Religionen erfüllt, und die Weisheit aller Philosophie findet ihre Vollendung.

Der griechische Kirchenvater Gregor von Nyssa meint, im Kreuz bilde sich symbolhaft die Grundbeschaffenheit aller Wirklichkeit ab. Das Kreuz ist das dem Kosmos aufgeprägte Grundschema, das Weltbaugesetz. Platon, der größte Philosoph des vorchristlichen Griechenlands († 347 v. Chr), spricht im *Timaios* von der Weltseele, die sich im himmlischen Chi zeige. Darin »liest nun der antike Christ wie eine schon den Heiden aufgegangene Ahnung des weltbauenden Logos, der am Kreuz hängend den Kosmos zusammenfasst«.[15] Christus starb am Kreuz, um der ganzen Welt sein Zeichen aufzudrücken oder, wie Irenäus, der Begründer christlicher Dogmatik (2. Jahrhundert), schreibt, »auf dass er das Universum in sich rekapituliere«.[16] Das Kreuz verbindet Himmel und Erde, Gott und Mensch miteinander.

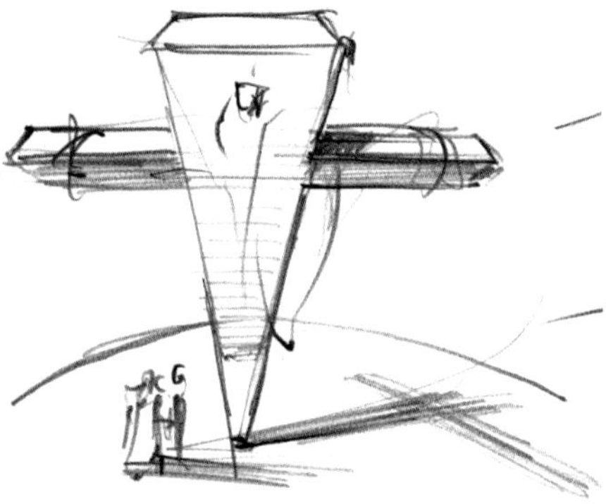

Justinus, der erste bedeutende christliche Theologe, der im Jahre 167 in Rom als Märtyrer starb, hat die verschiedenen Bedeutungen des Kreuzes gesammelt. Er sieht in der Gestalt des Menschen mit ausgestreckten Armen das Kreuz verwirklicht. Das Kreuz ist ein Bild für die Einheit der Gegensätze und gerade so ein Bild für den Menschen, der in sich nicht eindeutig ist, sondern voller Widersprüche, weil er in sich Geist und Materie, Engel und Tier, Mensch und Gott vereint. Der Mensch wird erst dann ganz er selbst, wenn er Ja sagt zu seiner Kreuzstruktur. Die Vertikale, die in die Erde eingerammt ist und sich zum Himmel streckt, steht für den Menschen, der zwischen Himmel und Erde ausgespannt ist. Die Horizontale weist hin auf die Gegensätze von »anima« und »animus«, von Liebe und Hass, von Ja und Nein, von Einsamkeit und Gemeinschaft. Sie verweist ihn in die Solidarität zu den Menschen, ohne die er nicht Mensch sein kann. Die Gegensätze können den Menschen zerreißen. Doch wenn der Mensch Ja sagt zu seinen Gegensätzen, dann hören diese auf, ihn innerlich zu spalten. Justinus erkennt das Kreuz in den Werkzeugen des Ackerbaus, in den Sieges- und Feldzeichen der Römer. So wurde für die frühen Christen das Kreuz zum Triumphzeichen über die Macht des Todes und der Sünde.

Der große Prediger in Konstantinopel, Johannes Chrysostomus († 407), bezeichnet ähnlich wie Ignatius das Kreuz als Hebegerät, das die Menschheit aus ihrer Niedrigkeit in die neue Seinsweise des erlösten und vergöttlichten Menschen emporzieht.[17] Er vergleicht das Kreuz auch mit einer Fackel.

Das Kreuz vertreibt als Licht die Dunkelheit dieser Welt, und aus dem Kreuz heraus strömt eine Quelle von Freude auf die Christen aus.

Der Bischof von Konstantinopel preist immer wieder die heilende und erhellende Wirkung des Kreuzes, mit dem der Christ in der Taufe gezeichnet, man könnte auch sagen »besiegelt« wurde und das er immer mit sich trägt: »Dieses Zeichen hatte schon zur Zeit unserer Vorfahren und hat auch jetzt noch die Kraft, verschlossene Türen zu öffnen, Giftmittel unschädlich zu machen, dem Schierling seine Wirkung zu nehmen, vom Bisse giftiger Tiere zu heilen.«[18] Chrysostomus spricht mit anderen Kirchenvätern häufig vom Leben spendenden Kreuz. Das Kreuz »hat den Erdkreis, der früher unfruchtbar an Tugend war und gleich einer Wüste nichts Gutes hervorbringen konnte, zum Paradiese und zur kinderreichen Mutter gemacht«.[19] Das Kreuz hat den durcheinandergeratenen Kosmos wieder ins Lot gebracht.[20] Das Kreuz hat den ewigen Gegensatz zwischen Himmel und Erde überwunden und ist zum Strukturprinzip des Kosmos geworden.[21]

Die Gedanken der Kirchenväter zeigen, wie positiv sie das Kreuz sehen. Es war für sie nicht in erster Linie ein Symbol des Leidens oder des Todes, sondern ein Symbol des Lebens, des Sieges der Liebe über den Hass der Welt. Sie sehen die heilende, die verwandelnde und zentrierende Wirkung des Kreuzes. Sie werden nicht müde, das Kreuz zu besingen und in immer neuen Bildern zu preisen. Man spürt die Faszination, die das Kreuz in ihnen auslöste. Es vermittelte ihnen das Gefühl, dass ihnen nichts mehr zu schaden vermag. Wenn selbst das Kreuz in den Sieg der Auferstehung verwandelt wurde, dann wird Gott auch in unserem Leben alle Dunkelheit in Licht, alle Angst in Vertrauen und alle Erstarrung in neues Leben wandeln.

Für mich ist die Deutung, die das Johannesevangelium dem Kreuz gibt, entscheidend für meinen spirituellen Weg geworden. Für Johannes ist das Kreuz ein Zeichen, dass Christus uns bis zur Vollendung geliebt hat. Das Kreuz zeigt also, dass alles Gegensätzliche in uns von Christi Liebe berührt und durchdrungen ist. Es gibt nichts mehr in uns, was nicht von Gott geliebt und angenommen ist. Und das Kreuz ist Zeichen der Freiheit. Die Welt mit ihren Maßstäben ist durchkreuzt worden, durchgestrichen worden. Es braucht uns nicht mehr zu interessieren, was andere von uns denken. Wir messen uns selbst nicht mehr mit den Maßstäben von Erfolg und Misserfolg, Reichtum oder Armut. Wir gehören Gott. So gibt es keine Könige und Kaiser über uns. Wir sind wahrhaft frei.

Eberhard Münch deutet das Kreuz im Sinne des Johannesevangeliums. Für ihn bestärkt das Kreuz die Zusage Jesu: »Euer Herz lasse sich nicht verwirren. Glaubt an Gott und glaubt an mich!« (Johannes 14,1). In einer älteren Übersetzung hieß es an dieser Stelle: »Euer Herz erschrecke nicht ...« Das Kreuz ist Zeichen gegen die Angst des Menschen. Im Bild von Eberhard Münch steht es mitten im Wirbel menschlicher Emotionen, die uns bedrohen. Das Kreuz bringt Ordnung und Klarheit in diesen Wirbel. Es nimmt uns die Angst. Und es führt in die Liebe.

Das Monogramm Christi

Schon in der frühen Kirche hat man den Namen Jesu Christi abgekürzt und die beiden ersten (griechischen) Buchstaben I und X zu einem einzigen Buchstaben bzw. Monogramm vereinigt. Manchmal hat man den zweiten Buchstaben, das »P« des griechischen Wortes XPISTOS (Christus), noch hinzugesetzt.

Eberhard Münch nimmt in seinem Bild diese Tradition auf. Er deutet den Namen Jesus Christus, indem er die schwarzen Buchstaben mit gelber und roter Farbe ummalt. In Jesus Christus schauen wir Gottes menschgewordene Liebe. Und in dem Menschen Jesus offenbart sich Gott selbst. Er ist beides zusammen: Jesus, der jüdische Rabbi aus Nazareth, und Christus, der Messias, der Gesalbte Gottes. Er ist Mensch und Gottes Sohn. In diesem Menschen teilt sich Gott selbst uns mit. Christus ist das Wort Gottes schlechthin. In ihm ist das Wort Gottes Fleisch geworden und hat unser Dasein mit Liebe und göttlichem Leben erfüllt. Und das Monogramm ist ein Siegeszeichen, ein Zeichen für den Auferstandenen, der das Dunkle in Licht verwandelt.

Im Mittelalter hat man die ersten drei griechischen Buchstaben von IHSOUS (griechisch für Jesus) als Christusmonogramm genommen: IHS. Und da man im kirchlichen Kontext kein Griechisch mehr verwendete, hat man es lateinisch interpretiert als Jesus Hominum Salvator = Jesus Heiland der Menschen, oder aber deutsch: Jesus, Heiland, Seligmacher.

Der Franziskaner Bernhardin von Siena (1380–1444), der das Symbol »IHS« schuf, hat die Verehrung des Namens Jesu sehr ge-

fördert. In diesem Namen ist Heil und Leben. Die Verehrung des Namens Jesu hat man mit dem Christusmonogramm verbunden.

Die Jesuiten haben das Christusmonogramm auf ihre Weise gedeutet: IHS heißt für sie: Jesum Habemus Socium = Wir haben Jesus als Genossen, oder auch als Jesu Humilis Societas = Gesellschaft des demütigen Jesus. Drei Buchstaben haben somit bei den Betrachtern die verschiedensten Assoziationen ausgelöst. In diesen Buchstaben hat man das Wesen Christi und seiner Erlösung und das Wesen der christlichen Existenz ausgedrückt. Diese drei Buchstaben hat man überall angebracht, zu Beginn eines Buches, am Ende eines Werkes. Christus sollte alles prägen. Dabei beschränkte man sich nicht auf das Symbol des Kreuzes. Vielmehr wurde *der Name Jesu zum Symbol für all das, was er an uns getan hat und was er für uns bedeutet.*

In der Bach-Kantate zum Neujahrsfest »Gott, wie dein Name, so ist auch dein Ruhm«[22] wird der Name Jesu gepriesen: »Du süßer Jesus-Name du, in dir ist meine Ruh. Du bist mein Trost auf Erden.« Es gibt eigene Andachten zum Namen Jesu. Da wird das Lied gesungen: »O süßester der Namen all, die Menschenzungen nennen; du bist der Himmel Widerhall, dem tausend Herzen brennen.« Im Namen Jesu hat man alles vereinigt, was Jesus Christus für uns Menschen bedeutet, seine Liebe zu uns, seine Barmherzigkeit, mit der er uns begegnet, seine heilende Kraft und das Geheimnis seines Todes und seiner Auferstehung. Jesus Christus ist uns nahe. All das ist ausgedrückt im Monogramm. Alles wird mit dem Namen Jesu bezeichnet, alles wird von seiner Liebe geprägt.

Der Fisch

Der Fisch war in der frühen Kirche ein wichtiges Symbol und ist es für viele Christen bis heute geblieben. Es steht für die Christen, die durch die Taufe aus dem Meer der Bosheit errettet und im Wasser der Taufe von der Quelle des Heiligen Geistes erfrischt und genährt werden. Im Bild von Eberhard Münch schwimmen alle Fische im gleichen Wasser und in der gleichen Richtung. Aber sie haben die verschiedensten Farben, die Regenbogenfarben, die auf der einen Seite die Vielfalt der einzelnen Christen darstellen, zum andern aber auch eine Buntheit, die zusammenklingt und im Ganzen den Regenbogen abbildet, das Zeichen des Friedens und der Versöhnung. So sind die vielen Christen gerade in ihrer Verschiedenheit ein Hoffnungszeichen für diese Welt, dass man trotz aller Konflikte in Frieden leben kann.

Jesus selbst hat das Symbol des Fisches gebraucht, indem er seine Jünger Menschenfischer genannt hat. Einen Menschen für Christus zu gewinnen bedeutet, ihn gleichsam aus dem Wasser des Meeres herauszunehmen und ihn in ein neues Gewässer zu geben, in die reine Quelle des Heiligen Geistes. Ein Sprichwort sagt, dass wir unser Herz an die Angel heften müssen, damit ein Mensch anbeißt, damit er Geschmack bekommt an dem, was wir verkünden und wofür wir eintreten.

Eine andere Symbolik des Fisches liegt im Namen. Der griechische Name für Fisch, ICHTYS, ist eine Abkürzung für die christliche Botschaft. Es heißt: Jesus Christus Theou Yios (Gottes Sohn) Soter (Erlöser). Es war in der Zeit der frühen Christenverfolgungen ein Geheimzeichen, an dem sich die Christen erkannten. Sie zeichneten einen Fisch in den Sand und wussten so, dass der andere auch ein Christ war. In diesem Zeichen bekannten sie ihren Glauben an Jesus Christus, der als Sohn Gottes in diese Welt gekommen ist und der diese Welt erlöst und geheilt hat. In einer Welt, in der es viele Rettergestalten gab, in der man den Kaiser oft als Retter und Erlöser bezeichnet hat, bekannten sich die Christen zu Jesus Christus. Er ist der wirkliche Retter und Erlöser. Er befreit die Menschen von den Fesseln der Sünde. Er zeigt ihnen den Weg zum wahren Leben. Er ist vom Himmel herabgekommen. Er ist wahrhaft Gottes Sohn. In ihm schenkt Gott auch uns Teilhabe an seinem göttlichen Leben. In diesem Bild des Fisches drückten die Christen also die Sehnsucht der damaligen Menschen aus und zugleich die Erfüllung in Jesus Christus. *Der Fisch wird so zum Glaubensbekenntnis,* zu einer Kurzformel des Glaubens an Jesus Christus, in dem Gott Mensch geworden ist und uns Menschen erlöst, geheilt und aufgerichtet hat.

Bei der Brotvermehrung teilt Jesus nicht nur die fünf Brote aus, sondern auch die zwei Fische, die ihm von einem Jungen gereicht werden. Die Evangelisten verstehen die Fische nicht nur als die alltägliche Nahrung. Vielmehr sind die Erzählungen von der Brotvermehrung immer auch ein Hinweis auf die Eucharistie. In der Eucharistie wird uns eigentlich Brot und Wein gereicht. Der Fisch ist in der Antike ein *Zeichen der Unsterblichkeit.* Die Gegenüberstellung von Brot und Fisch meint somit, dass Jesus uns hier auf Erden speist mit seiner Liebe, die uns für unseren Weg stärkt, dass er uns aber zugleich in seinem Leib und seinem Blut die Speise der Unsterblichkeit reicht.

Diese Bedeutung hat auch die Szene mit dem morgendlichen Mahl der Jünger nach der Auferstehung Jesu (Johannes 21,1–14). Jesus fragt die Jünger, ob sie nichts zu essen hätten. Die Jünger haben zwar die ganze Nacht gefischt, aber sie haben nichts gefangen. So versuchen sie es auf Jesu Geheiß nochmals. Doch als sie ihr Boot mit 153 Fischen ans Land ziehen, hat Jesus schon am Kohlenfeuer Brot und Fisch gebraten. Die 153 Fische sind ein Bild für die Einheit aller Gegensätze. Hier steht mehr die Symbolik der Zahl im Vordergrund und nicht so sehr die Fische. Doch als Jesus seinen Jüngern das Brot und den Fisch reicht, hat das tiefere Bedeutung. Es ist die Speise der Unsterblichkeit, die Speise des Paradieses. Nach der Auferstehung feiert Jesus immer wieder das eucharistische Mahl mit den Jüngern. Hier reicht er ihnen die Speise des Paradieses, die sie jetzt schon in den Himmel versetzt. Und er schenkt ihnen in den Fischen die Unsterblichkeit. Das Leben, das Christus in der Eucharistie schenkt, kann durch den Tod nicht mehr zerstört werden.

Die Evangelistensymbole:

Gesicht, Löwe, Stier, Adler

Die vier Attribute, die man den Evangelisten zuordnet, hat man oft vom Anfang des jeweiligen Evangeliums zu erklären versucht. Matthäus wird mit dem menschlichen Antlitz dargestellt, weil er sein Evangelium mit der Menschwerdung Jesu beginnt. Markus wird der Löwe zugeordnet, weil sein Evangelium in der Wüste beginnt, in der die Löwen ihre Stimme erheben. Lukas wird mit dem Stier dargestellt, weil er sein Evangelium mit dem Opfer des Zacharias im Tempel beginnt. Für Johannes ist der Adler charakteristisch, denn sein Evangelium ist wie ein theologischer Höhenflug. Wie ein Adler erhebt sich Johannes schon in seinem Prolog in die Lüfte und zwingt uns, nach oben zu schauen. Doch diese vier Deutungen der Evangelistensymbole sind vordergründig. Denn die Symbole sind verwandt mit den vier Tierkreiszeichen Löwe, Stier, Skorpion und Wassermann. Sie haben einen astralkosmologischen Hintergrund. Oft werden sie mit den vier Himmelsrichtungen, den vier Elementen oder den vier Paradiesflüssen verbunden. Die vier Evangelistensymbole zeigen uns die vier Grundfesten des Himmels und des Weltgebäudes. Und sie verweisen auf das Paradies. Wer die vier Evangelien meditiert und sie befolgt, für den erschließt sich jetzt schon das Paradies.

Eberhard Münch hat diese archetypische Deutung der vier Evangelistensymbole übernommen, indem er sie dem Kreuz zuordnet. Die vier Evangelisten zeigen den ganzen Reichtum der Liebe Jesu, die im Kreuz gipfelt, und sein Erlösungswerk, das sich am Kreuz vollendet. Aber das Kreuz meint auch die ganze Welt. Die vier Evangelisten zeigen in die vier Himmelsrichtungen. Die vier Evangelien fassen die Weisheit von Ost und West, von Nord und Süd zusammen. Jesus ist der Lehrer der Weisheit, der uns in die Geheimnisse der Welt einweist und uns einen Weg zeigt, wie in dieser Welt unser Leben gelingen kann. Die vier Symbole sind den vier Grundfarben zugeordnet. Der ganze Reichtum des Lebens wird durch sie den Menschen verkündet. Es ist die Fülle des Regenbogens, die Fülle des gesamten Kosmos. Alles, was je gedacht und gesagt worden ist, wird uns in den vier Evangelien als die Botschaft Jesu verkündet, der für uns »der Weg und die Wahrheit und das Leben« ist (Johannes 14,6).

Jedes einzelne Symbol hat jedoch auch seine eigene Bedeutung. Das Gesicht steht für den Menschen. Für die Griechen wird das Wesen der Person im Antlitz eines Menschen erkennbar. Person heißt daher: »prosopon«, »das, was ich anschaue«. Im Matthäusevangelium hat uns Jesus gezeigt, wer der Mensch ist. Er hat uns selbst das Bild des wahren Menschen vorgelebt. Es ist der barmherzige Heiland, der ein Herz hat für die Menschen, gerade auch für die Sünder. Und er ist der, der die Kranken heilt. Jesus verkörpert für Matthäus die Weisheit aller Völker. Er lehrt uns, wie Menschsein gelingen kann.

Der Löwe gilt als König der Tiere. In der Antike hat er für die Menschen in der Betrachtung eine enge Beziehung zur Sonne. Und er

ist Sinnbild der Macht. Nach einer alttestamentlichen Verheißung wird Jesus als der Löwe von Juda gesehen. Im Mittelalter wird der Löwe zum Symbol der Auferstehung, weil er nach damaliger Auffassung selbst im Schlaf die Augen nicht schließt. Doch der Löwe kann auch ein Bild des Teufels sein, der wie ein brüllendes Tier umhergeht, um uns zu verschlingen. In China jedoch ist der Löwe Tempelwächter, der die Dämonen abwehrt.

Wenn wir all diese Bedeutungen mit dem Markusevangelium verbinden, so erscheint uns Jesus dort als der, der die Dämonen austreibt und die Macht der Finsternis gerade durch seinen Tod überwindet. Jesus tritt kraftvoll auf. Er redet mit Vollmacht von Gott, sodass die Dämonen, die das Gottesbild der Menschen verdunkeln, weichen müssen.

Der Stier ist ein Symbol der Kraft und des männlichen Kampfesmutes. Gerade weil er die Kraft und Vitalität des Menschen und zugleich die Fruchtbarkeit symbolisiert, war der Stier bei vielen Völkern ein wertvolles Opfertier. In Ägypten wurde der Fruchtbarkeitsgott Apis in Gestalt eines Stieres verehrt. Der Apis-Stier wurde getötet und begraben. Dieses Ritual mündete in der Auferstehung, die in der Auswahl eines neuen Apis-Kalbs versinnbildlicht wurde. Im Mithraskult, der zur Zeit Jesu im Römerreich sehr verbreitet war, wurde ebenfalls ein Stier getötet. Die Teilnehmer an die-

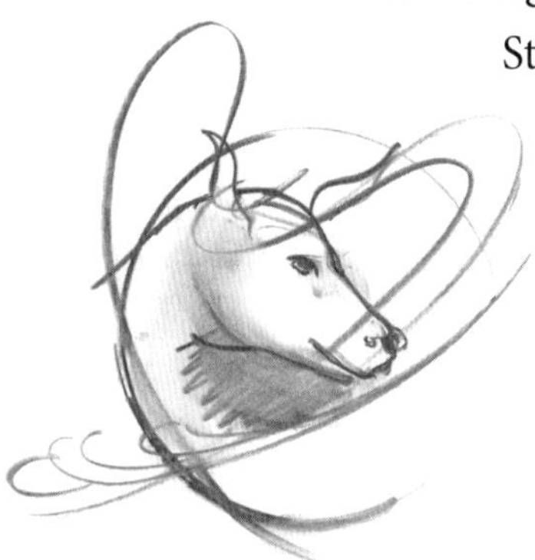

sem Kult wurden mit dem Stierblut getauft. Und aus dem Körper des getöteten Stieres wuchsen Pflanzen und Tiere, so zeigen es die wenigen erhaltenen Darstellungen. So trägt der Stier in sich sowohl Fruchtbarkeitskräfte als auch Todes- und Auferstehungskräfte. Das Lukasevangelium verweist uns auf Jesus Christus, den Anführer zum Leben, der uns einen Weg zeigt, wie auch unser Leben gelingt. Die Nachfolge Jesu braucht keine Stieropfer mehr. Jesu Worte befruchten unser Leben und erneuern es. In der Feier der Liturgie wird Christus erfahrbar in seinen Worten und im Brotbrechen. Der Ritus des Brotbrechens erfüllt all die Sehnsüchte, die die Menschen im Römischen Reich mit ihren Stierkulten zum Ausdruck brachten.

Der Adler gilt als der König der Vögel. Er ist daher im Altertum sowohl Begleiter und Symboltier der Könige als auch Göttersymbol. Der Adler strebt zum Himmel empor und schaut dabei – so meint Aristoteles – direkt in die Sonne. Daher gilt er als Symbol für spirituelle Erkenntnis, die bis zum Himmel aufsteigt, und für die Kontemplation, die das Licht Gottes schaut. Im Alten Testament gilt der Adler als Bild für die Allmacht Gottes, aber auch als Bild für die Erneuerung des Lebens. So heißt es im Psalm 103: »Wie dem Adler wird dir die Jugend erneuert.« Und beim Propheten Jesaja steht die berühmte Stelle: »Die Jungen werden müde und matt, junge Männer stolpern und stürzen. Die aber auf den HERRN hoffen, empfangen neue Kraft, wie Adlern wachsen ihnen Flügel. Sie laufen und werden nicht müde, sie gehen und werden nicht matt« (Jesaja 40,30 f.). Der Adler ist also ein Symbol für den Glauben, der uns erneuert und uns mit der Kraft des göttlichen Geistes erfüllt. All diese Bedeutungen hatte wohl die frühe Kirche im Sinn, wenn sie Johannes mit dem Adler darstellte. Die kühnen Gedanken des Johannesevangeliums steigen wie Adler zum Himmel auf. Und Johannes betont immer wieder das Schauen. Wir schauen, wenn wir auf Jesus Christus blicken, gleichsam in die Sonne, in Gott hinein. Im Menschen Jesus können wir Gottes Herrlichkeit sehen. Und wir werden in Christus mit dem neuen und unverwüstlichen Leben Gottes erfüllt, das uns wie den Adler erneuert und uns in dieser Welt mit neuer Kraft unseren Weg gehen lässt.

Die Taube

In der christlichen Symbolik steht die Taube für den Heiligen Geist. Doch was die Bibel mit diesem Bild meint, erkennen wir erst, wenn wir die Bedeutung der Taube auch in anderen Religionen betrachten. In Vorderasien stand die Taube in Zusammenhang mit der Fruchtbarkeitsgöttin Ischtar. In Griechenland war die Taube der Aphrodite heilig. Sie symbolisiert also zugleich Fruchtbarkeit und Liebe. Die Antike sah in der Taube ein Symbol für Liebe und Unschuld. Jesus greift diese Symbolik auf, wenn er den Jüngern aufträgt, klug wie die Schlangen und einfältig wie die Tauben zu sein. Einfältig meint: einfach, klar sein, ohne Nebenabsichten.

Das Alte Testament kennt die Erzählung von der Sintflut. Noah lässt am Ende der Sintflut dreimal eine Taube ausfliegen, die die Erde erkunden soll. Das erste Mal kehrt die Taube zurück, weil sie keinen Boden unter ihren Füßen findet. Das zweite Mal bringt sie einen frischen Olivenzweig in ihrem Schnabel mit. Das dritte Mal kehrt sie nicht mehr zurück. Die Taube ist hier eine Friedenstaube. Sie zeigt den Frieden an, den Gott mit den Menschen schließt. Und mit dem Olivenzweig im Schnabel ist sie Zeichen der Versöhnung zwischen Gott und den Menschen. Das Öl, das aus Oliven gewonnen wird, hat eine lindernde und heilende Wirkung. Es heilt die Wunden, die die Sünden gegen Gott im menschlichen Herzen aufgerissen haben, und schafft neue Verbindung zwischen Gott und den Menschen.

Im Neuen Testament berichten uns die drei Synoptiker, Markus, Matthäus und Lukas, dass bei der Taufe Jesu der Heilige Geist wie eine Taube auf Jesus herabkommt. Dabei variieren die Evangelisten in ihrer Beschreibung. Markus spricht davon, dass der Heilige Geist wie eine Taube auf Jesus herabkommt (Markus 1,10). Bei Matthäus sieht Jesus den Geist Gottes wie eine Taube auf sich herabkommen (Matthäus 3,16). Lukas erzählt konkreter: »Der Heilige Geist kam sichtbar in Gestalt einer Taube auf ihn herab« (Lukas 3,22). Die christliche Kunst hat diesen Bericht wörtlich genommen und seither auf Dreifaltigkeitsbildern den Heiligen Geist immer als Taube dargestellt. Häufig kommt auch, wenn die Verkündigung an Maria bildlich umgesetzt wird, der Heilige Geist als Taube auf Maria herab. Die Taube symbolisiert die Leichtigkeit des Heiligen Geistes. Er kommt schwebend zu uns. Und er kommt vom Himmel auf uns hernieder.

Die Taube steht für die *Reinheit und Klarheit des Heiligen Geistes.* Der Heilige Geist klärt unsere trüben Gedanken und schenkt uns Einsicht in das Wesen der Dinge. Und die Taube als Symbol der Liebe zeigt, dass der Heilige Geist die Liebe Gottes ist, die in unsere Herzen ausgegossen wird.

Die Kunst kennt viele Darstellungen der Taube. Sieben Tauben stehen für die sieben Gaben des Heiligen Geistes. Zwölf Tauben symbolisieren die Apostel, die vom Heiligen Geist erfüllt sind. Oft werden die Evangelisten oder Kirchenväter mit einer Taube dargestellt. Die Taube ist hier Symbol für die Inspiration durch den Heiligen Geist. Der Heilige Geist gibt den Evangelisten und Kirchenvätern ein, was sie denken und schreiben sollen. Die Kunst stellt die Taube manchmal auch als Symbol für die Seele dar, die bei Gott Frieden gefunden hat. Sie sitzt auf dem Baum des Lebens oder aber am Brunnen des Lebens. Die Leichtigkeit der Taube hat schon im alten Indien dazu geführt, sie als Seelenvogel zu verstehen. So erinnert uns die Taube daran, dass unsere Seele beflügelt ist, dass sie jetzt schon in den Himmel reicht. Sie ist der innere Raum in uns, in dem wir mit Gott verbunden sind.

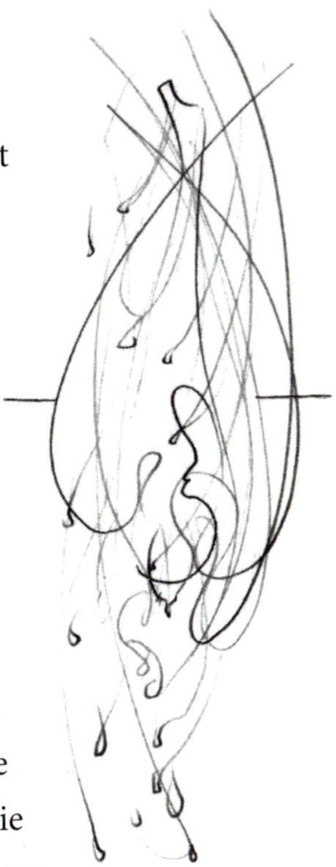

Symbole sind nie auf nur eine Bedeutung fixiert. Die Taube symbolisiert daher sowohl die Einfalt und Klarheit und die Tugend der Mäßigung als auch die Seele und den Heiligen Geist. All diesen Bedeutungen ist gemeinsam, dass in der Taube etwas von Gott selbst uns Menschen berührt. Die Seele ist von Gottes Hand geformt, und sie verbindet uns mit Gott. *Der Heilige Geist kommt von Gott auf uns herab und erfüllt uns mit göttlichem Leben.* Und der Heilige Geist bewirkt in uns die Tugend der Mäßigung. Er klärt all das Trübe in uns. Der Heilige Geist, der auf Maria herabkommt, schafft auch in uns etwas Neues. Er bewirkt die Gottesgeburt in unserem Herzen. Wenn Gott in uns geboren wird, wird alles erneuert, und wir kommen in Berührung mit dem ursprünglichen und unverfälschten Kern in uns. Eberhard Münch hat über die Taube des Heiligen Geistes das Dreieck der göttlichen Dreifaltigkeit gelegt. Das Dreieck ist nach unten gerichtet. Der Heilige Geist ist für uns ein Bild des nahen Gottes, der sich uns zuwendet, sich zu uns herabneigt. Und der Heilige Geist ist Liebe. Das Rot der Liebe fliegt zu uns hinab in unsere Dunkelheit, in unsere Verhärtungen und in unsere Kälte, um in uns die Glut des Heiligen Geistes zu entfachen.

Im Hymnus an Pfingsten singen wir Mönche: »In Gott zurück trägt uns der Geist.« Im Heiligen Geist neigt sich Gott zu uns herab, um in uns einzudringen. Und zugleich ist der Heilige Geist in uns selbst. Wir sind durch den Heiligen Geist in Gott, im dreifaltigen Gott. Wir sind hineingenommen in Gott. Und so ordnet sich unser Leben in Gott als Dreieck. Die drei Bereiche unseres Leibes, unserer Seele und unseres Geistes werden durch den Heiligen Geist eins miteinander und eins mit Gott.

Der Kelch

Der Kelch ist in der Eucharistiefeier dem Wein vorbehalten, der dann in der Wandlung zum Blut Jesu Christi gewandelt wird. Er ist immer aus edlem Material gefertigt, meistens aus Gold. Der Kelch hat jedoch schon im Alten Testament eine tiefere Bedeutung. Der Psalmist spricht vom Kelch des Zornes: »Du hast aus dem Becher des Zorns getrunken, den der HERR in der Hand hielt. Du hast aus dem betäubenden Becher getrunken und ihn geleert« (Jesaja 51,17; vgl. Jeremia 25,15). Den Kelch aus der Hand des Herrn zu nehmen und daraus zu trinken bedeutet, dass wir das Schicksal annehmen, das Gott uns zugedacht hat. Es kann manchmal ein Kelch der Bitterkeit sein. Der Zornwein Gottes schmeckt bitter. Doch wir müssen ihn austrinken. Das ist unser Schicksal. »Ja, in der Hand des HERRN ist ein Becher, gefüllt mit gärendem, gewürztem Wein. Er schenkt davon ein, bis zur Hefe müssen ihn schlürfen, müssen ihn trinken alle Frevler der Erde« (Psalm 75,9). Den bitteren Wein müssen wir trinken, wenn wir die Wege des Herrn verlassen haben. So ist der Becher Samarias, des Volkes, das abgewichen ist von Gott, »ein Becher des Grauens und der Verwüstung« (Ezechiel 23,33). Doch Gott reicht uns auch den Kelch des Heiles, wenn wir auf seinen Wegen gehen. So singt der Psalmist: »Den Becher des Heils will ich erheben. Ausrufen will ich den Namen des HERRN« (Psalm 116,13). Und im Psalm 23 betet er: »Übervoll ist mein Becher.« Der reichlich gefüllte Becher ist Bild für die Gnade Gottes, die er uns schenkt.

Der Kelch hat im Alten Testament noch eine andere Bedeutung. Es gibt den Trostbecher, den Gott denen reicht, die voller Trauer

sind (vgl. Jeremias 16,7). Nicht nur Gott reicht uns den Kelch des Trostes, sondern auch ein Freund dem trauernden Freund.

Er soll die Trauer verwandeln durch den süßen Wein, der die Bitterkeit der Trauer durchdringt. Und im Trostbecher soll der Trauernde spüren, dass wir Gemeinschaft mit ihm haben. Wir trinken aus dem gleichen Gefäß, um auszudrücken, dass wir uns in seiner Trauer verbunden fühlen, dass wir aber zugleich auch den Kelch des Trostes miteinander teilen. In unserer Trauer ist damit zugleich auch die Ahnung von Trost und Tröstung. Wir vertrösten den andern nicht mit Worten, sondern wir reichen ihm den Kelch der Gemeinschaft. Das spendet dem andern tieferen Trost als Worte.

Jesus selbst gebraucht das Bild des Kelches für sein Schicksal, das die Jünger mit ihm teilen sollen. So fragt Jesus die Zebedäussöhne: »Könnt ihr den Kelch trinken, den ich trinken werde?« (Matthäus 20,22.) Wenn die Jünger Jesus nachfolgen wollen, müssen sie den Kelch seines Leidens trinken. Jesus selbst ringt am Ölberg darum, diesen Kelch anzunehmen. Er bittet den Vater, er möge ihn vor diesem Kelch bewahren: »Mein Vater, wenn es möglich ist, gehe dieser Kelch an mir vorüber. Aber nicht wie ich will, sondern wie du willst« (Matthäus 26,39).

Auf dem Hintergrund all dieser Bilder, die das Alte Testament und die Jesus mit dem Kelch verbindet, wird verständlich, was es bedeutet, wenn Lukas berichtet: »Ebenso nahm er nach dem Mahl den Kelch und sagte: Dieser Kelch ist der Neue Bund in meinem

Blut, das für euch vergossen wird« (Lukas 22,20). Bei Matthäus und Markus sagt Jesus direkt etwas zum Blut: »Das ist mein Blut des Bundes, das für viele vergossen wird« (Markus 14,24). Lukas bezieht dagegen das Wort Jesu beim Letzten Abendmahl auf den Kelch.

Der Kelch symbolisiert den neuen Bund, den Gott mit den Menschen schließt.

Es ist der Kelch, in dem das Blut Jesu im Bild des Weines den Jüngern gereicht wird. Wenn sie daraus trinken, haben die Jünger teil an der Liebe Jesu Christi, die in seinem Blut sichtbar wird. Und sie haben Anteil an dem neuen Bund, den Gott in Jesus Christus mit den Jüngern schließt. Es ist ein Bund, der nicht mehr zur Bedingung hat, dass die Menschen Gottes Willen erfüllen. In Jesu Tod am Kreuz wird vielmehr sichtbar, dass Gott seine Liebe bedingungslos den Menschen erweist, allerdings durchaus in der Hoffnung, dass sie, überwältigt von dieser Liebe, sich auf den Bund mit ihm einlassen.

Der Kelch hat in der Eucharistiefeier eine zentrale Bedeutung. Bei der Gabenbereitung gießt der Priester Wasser und Wein in den Kelch. Dann hält er ihn hoch. Er hält ihn letztlich Gott hin. Mit dieser Geste bringt er das Leid dieser Welt, seine eigene Bitterkeit und seine Not vor Gott. Und im Kelch, der mit Wein gefüllt ist, hält er auch die Liebe der Menschen und seine eigene Liebe Gott hin. Eine Liebe, die oft genug vermischt ist mit Besitzansprüchen, mit Rachegefühlen, mit aggressiven und entwertenden Gefühlen. Wir halten unser Leben und unsere Liebe Gott hin, damit er sie mit seinem Geist und mit seiner Liebe durchdringt und verwandelt, damit unsere menschliche Liebe von seiner göttlichen Liebe erfüllt wird. Dann hat unsere Liebe teil an der Unendlichkeit der Liebe Gottes. Sie wird nicht mehr versiegen. Der Kelch, den wir in der Gabenbereitung Gott hinhalten und über den der Priester in der Wandlung den Heiligen Geist herabruft, wird uns in der Kommunion gereicht mit dem Blut Jesu Christi, mit der menschgewordenen Liebe Gottes, mit der Liebe, mit der uns Christus am Kreuz bis zur Vollendung geliebt hat. Wenn wir aus diesem Kelch trinken, wird unser Kelch des Leides und unser Kelch der Liebe zum Kelch des Trostes. Ein Kelch, in dem uns Christus seine Liebe reicht, um uns zu trösten und mit uns und in uns zu sein. Im Kelch – so drückt es Eberhard Münch in seinem Bild aus – strömt die Liebe Jesu Christi in unsere kalte Welt hinein, um sie mit der göttlichen Liebe zu erfüllen und ihre Wunden zu heilen.

Die Schale

Neben dem Kelch hat die Schale eine wichtige Bedeutung bei der Eucharistie. In der Schale hält der Priester die Hostien Gott hin, und aus ihr teilt er bei der Kommunion die Hostien aus. Die Schale hat ähnliche Bedeutungen wie der Kelch. Doch es sind andere Akzente, die bei ihr deutlich werden. Die Schale ist ein Nahrung spendendes Gefäß. In Indien gilt sie daher als Sinnbild für die Mutterbrust.

Wir formen die Hände oft zu einer Schale. Das ist eine wichtige Gebärde beim Beten. In der Schale meiner Hände halte ich Gott meine Wahrheit hin, alles, was sich in die Hände eingegraben hat, aber auch alles, was ich in die Hand genommen, was ich geformt und auf den Weg gebracht habe. Die Hände stehen für mein Leben. In der Schale mit den Hostien hält der Priester den Alltag der Menschen Gott hin, dass er ihn mit seinem Geist durchdringe und verwandle. Die Schale ist voll von Brot. Brot steht für den Alltag des Menschen, für die Tretmühle, in der er steckt, für die Arbeit und Mühe, für das, was ihn zerreibt und aufreibt. In der Schale hält der Priester unsere Welt Gott hin, damit er sie verwandle. Es geht in der Eucharistiefeier immer um uns und unsere Verwandlung. Die Schale ist dafür ein wichtiges Symbol. Auch wenn wir zur Kommunion gehen, halten wir unsere Hände als Schale hin, damit der Priester die Hostie in diese lebendige Schale legen kann. Dadurch wird unser Alltag geheiligt und mit Christus erfüllt.

Eberhard Münch hat das Symbol der Schale mit der Gebärde der offenen Hände dargestellt, mit der wir Christus in der Kommunion empfangen. Aber es ist zugleich die Gebärde, die ausdrückt, dass wir in Gottes guter Hand sind. Die Schale verweist uns auf Gottes liebende Hände, die uns tragen, in denen wir mit allem, was wir in die Hand genommen haben, geborgen sind. In Gottes Hand zu ruhen, von seiner Hand geschützt und behütet zu sein, von seiner liebenden Hand berührt zu sein, danach sehnen wir uns in der Tiefe des Herzens. Die Schale, in der uns die eucharistische Gabe gereicht wird, und die Schale, zu der wir unsere Hände im Gebet und vor der Kommunion formen, verweisen uns auf die Schale der göttlichen Hände, in der wir geborgen sind, getragen, angenommen und bedingungslos geliebt.

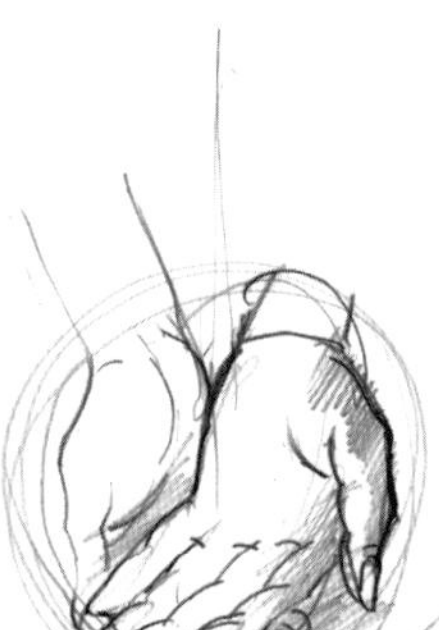

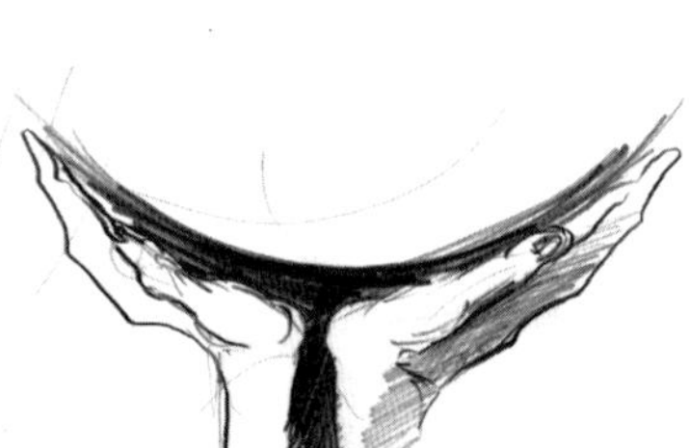

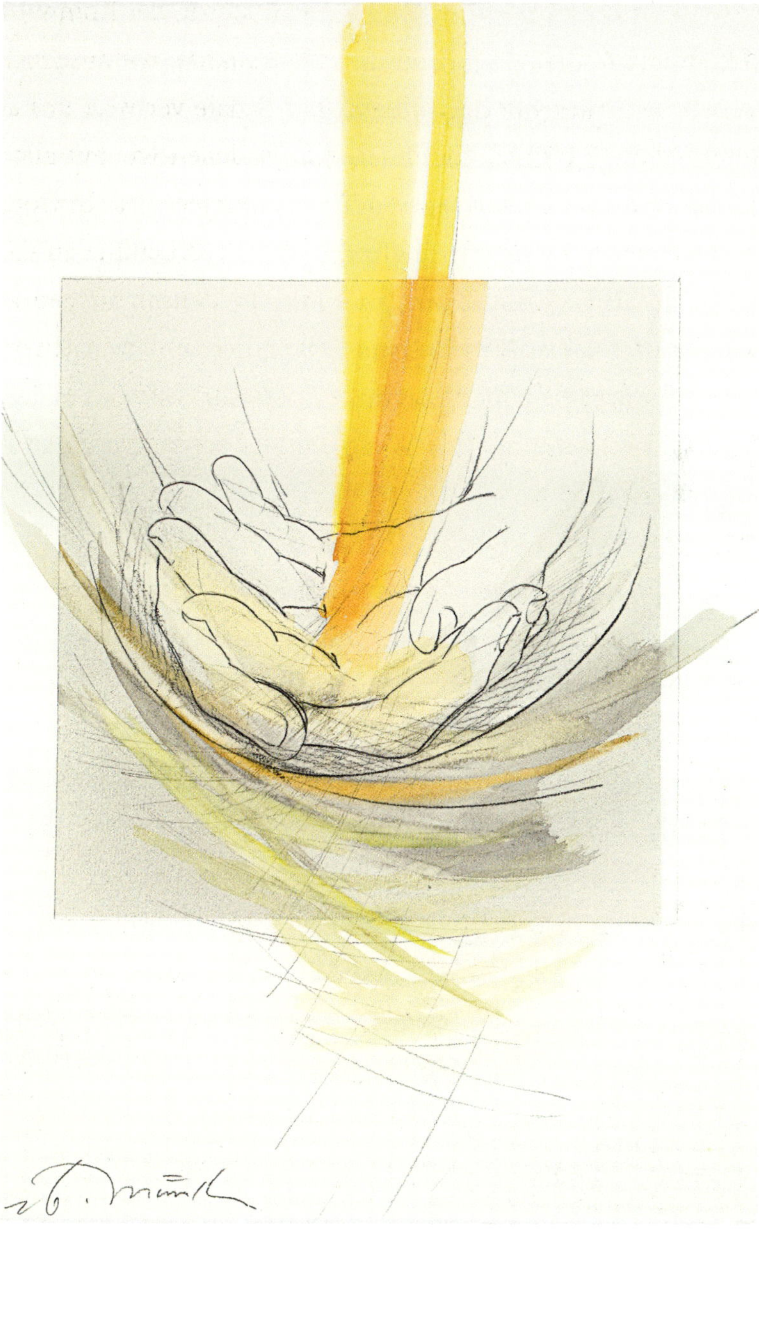

Brot und Wein

Die Gaben, die den Kelch und die Schale füllen, sind Brot und Wein. Es sind Früchte der Erde. Darauf verweist uns Eberhard Münch in seinem Bild. In der Eucharistie wird beides in den Leib und das Blut Jesu Christi verwandelt. In den Früchten der Erde vermittelt uns Jesus seine Liebe, die in seiner Hingabe am Kreuz für uns am klarsten aufstrahlt. Aber Jesus will damit auch daran erinnern, dass seine Liebe uns vielfältig in der Schöpfung begegnet. Die Eucharistie wirft somit auch einen Glanz auf das tägliche Brot, das wir essen, und den Wein, den wir trinken, um uns am Leben zu erfreuen.

Brot und Wein sind voller Symbolik. Das Brot ist eines der wichtigsten Grundnahrungsmittel. Es stärkt uns auf dem Lebensweg. Es gilt aber auch als Symbol für geistige Nahrung, für Worte, die uns nähren, für Bilder, die uns auf unserem Weg begleiten und von denen wir leben. Brot steht für die Nahrung, die wir für unser Leben brauchen. Der heilige Augustinus hat das Geheimnis des Brotes meditiert. Es ist aus vielen Körnern zusammengesetzt und steht so für die Zerrissenheit des Menschen. Wir bringen die innere Vielheit oft nicht zusammen. Wir werden aber eins, wenn wir wie das Brot gebacken werden im Feuer der Liebe. Dies ist schmerzlich. Doch dann wird aus dem Sauerteig essbares Brot. Wir werden für andere zur Nahrung, wenn wir durch das Feuer der Liebe hindurch in Brot verwandelt worden sind.

Jesus bezeichnet sich als das Brot, das vom Himmel herabgekommen ist. Damit meint er noch nicht das eucharistische Brot. Er als Sohn Gottes und als Lehrer der Menschen ist vielmehr das himmlische Brot, das unseren Hunger wirklich stillt und das uns stärkt für unseren Weg durch die Wüste.

Jesus bezieht sich hier auf den Auszug Israels aus Ägypten. In der Geschichte zieht das Volk durch die Wüste. Und es murrt, dass es kein Brot zum Essen hat. Auf die Bitte des Mose hin lässt Gott dann Brot vom Himmel fallen, das Manna. *Jesus versteht sich als das Brot, das die Menschen wahrhaft nährt und stärkt* für ihren Weg durch die Wüste in das Gelobte Land, durch diese Welt in die himmlische Welt. Dieses Selbstverständnis Jesu als Brot, das vom Himmel herabgekommen ist, wird für uns am stärksten erfahrbar in der Eucharistie, in der sich Jesus in der Gestalt des Brotes reicht, damit wir im Essen eins werden mit ihm und alles, was ihn ausmacht, in unser Leben integrieren.

Der Wein gilt für die Griechen als Lebenssaft und als Symbol für das Blut. Sie nennen den Wein das Blut der Erde oder das Blut des Dionysos. Der Wein gilt bei den Griechen und Germanen, aber auch im Taoismus als Lebenselixier und als Trank der Unsterblichkeit.[23] Zugleich hoffte man, durch den berauschenden Wein esoterisches Wissen zu erlangen. »Im Islam ist der Wein unter anderem ein Getränk der göttlichen Liebe, ein Symbol spiritueller Erkenntnis und der

Seinsfülle der Ewigkeit.«[24] Die Bibel sagt vom Wein, dass er das Herz des Menschen erfreut (Psalm 104,15). Doch der Psalmist weiß auch: »Du legst mir größere Freude ins Herz, als andere haben bei Korn und Wein in Fülle« (Psalm 4,8).

Jesus selbst spricht vom Wein als Sinnbild seiner Lehre. Er predigt vom neuen Wein, der in neue Schläuche gefüllt werden soll (Matthäus 9,17). Das Johannesevangelium hat den Wein als Bild unserer neuen Existenz verstanden. Bei der Hochzeit zu Kana verwandelt Jesus Wasser in Wein (Johannes 2,1–12). Den Menschen ist der Wein ausgegangen. Sie haben es verlernt, aus der Liebe zu leben. Ihre Liebe ist schal geworden in einer rein gesetzmäßigen Frömmigkeit. Hierfür stehen die sechs Steinkrüge, die für die Reinigungsriten bestimmt sind. Jesus verwandelt das Wasser in Wein. Der Speisemeister weiß nicht, woher der Wein kommt. Die Frage nach dem »Woher« ist für Johannes voller Bedeutung. Der Wein, den Christus schenkt, kommt vom Himmel. Wenn Gott in Jesus zu uns kommt, dann wird unser schal gewordenes Leben mit der göttlichen Liebe durchdrungen. Unser Wasser wird in Wein verwandelt. Und dieser Wein ist in Fülle da. *Gott selbst feiert mit uns Hochzeit. Er verbindet sich mit uns. Das verwandelt unser Leben.* Und wir dürfen es feiern mit dem Wein, der in Fülle bereitsteht. Die Liebe Gottes geht nie aus.

Jesus nimmt Brot und Wein und versteht sie als Zeichen für seinen Tod. Das Brot, das er bricht, symbolisiert seinen Tod, in dem er für uns zerbrochen wird, damit wir nicht zerbrechen an unserem Leben. Es steht dafür, dass Christus selbst aufgebrochen wird

für Gott, damit auch wir offen werden für das Geheimnis der göttlichen Liebe. All die Mauern, die wir um uns aufgebaut haben, sollen zerbrochen werden, damit unser Herz aufgebrochen wird für unser wahres Selbst, für die Menschen und für Gott. Jesus sieht das Brot als seinen Leib, den er uns reicht. Er selbst als Person ist die wahre Speise, die uns nährt. Und er nimmt den Wein und versteht ihn als Symbol für sein Blut, das er für uns vergossen hat. Im Brot und Wein reicht er sich selbst uns dar, seinen Leib und sein Blut. Blut ist Bild seiner Liebe. Er hat es für uns am Kreuz vergossen, um unsere Wunden zu heilen, um uns zu reinigen von aller Schuld und um uns mit seiner Liebe zu erfüllen, die am Kreuz aus seinem Herzen allen Menschen zuströmt.

Die Kerze

In allen Religionen werden Kerzen im Gottesdienst verwendet. Im katholischen und im evangelischen Gottesdienst werden je nach der Feierlichkeit des Festes zwei oder sechs oder noch mehr Kerzen am Altar angezündet. In der Osternacht wird die Osterkerze gesegnet und feierlich in die dunkle Kirche getragen. Sie symbolisiert die Auferstehung Jesu Christi, durch die unsere Dunkelheit erleuchtet wird. In den frühmorgendlichen heiligen Messen der katholischen Kirchen, den sogenannten Rorate-Ämtern während der Adventszeit, feiern die Gemeinden nur im Kerzenschein die Eucharistie. In der Liturgie der Ostkirche werden ständig Kerzen neu entzündet und wieder gelöscht. Die Kerze schenkt uns ein warmes und mildes Licht. Es ist ein natürliches Licht und zugleich ein übernatürliches. Es verweist uns auf Gott, dessen Licht unsere Finsternis erleuchtet. Diese Botschaft der Kerze drückt Eberhard Münch in seinen Bildern aus. Das Licht der Kerze dringt in alle Farben unseres Lebens ein und verwandelt sie. Und das warme Licht der Kerze erleuchtet unsere Dunkelheit und ermöglicht es uns, auch auf das Dunkle in uns zu schauen, ohne davor zu erschrecken.

Die Kerze als Symbol wird von den Kirchenvätern gepriesen. Der ehrwürdige Gesang des »Exsultet« singt in der Osternacht auch das Lob der Kerze: »Nimm diese Kerze entgegen als unsere festliche Gabe! Aus dem köstlichen Wachs der Bienen bereitet, wird sie dir dargebracht von deiner heiligen Kirche durch die Hand deiner Diener … Geweiht zum Ruhm deines Namens, leuchte die Kerze fort, um in dieser Nacht das Dunkel zu vertreiben. Nimm sie an als lieblich duftendes Opfer, vermähle ihr Licht mit den Lichtern am Himmel. Sie leuchte, bis der Morgenstern erscheint, jener wahre Morgenstern, der in Ewigkeit nicht untergeht: dein Sohn, unser Herr Jesus Christus, der von den Toten erstand, der den Menschen erstrahlt im österlichen Licht.«

Die Kerze besteht aus zwei Elementen: aus der Flamme und dem Wachs. Die Flamme symbolisiert das Geistige, da sie zum Himmel emporsteigt. Von Mönchsvätern in der Wüste wird erzählt, dass ihre Finger beim Beten zu Feuerflammen wurden. So ist die brennende Kerze ein Bild für unser Beten. Es ist ein beliebter Brauch, dass Pilger am Wallfahrtsort eine Kerze entzünden und sie auf den Altar oder vor eine Marienstatue stellen. Sie drücken damit ihren Glauben aus, dass ihr Gebet anhält, solange die Kerze brennt. Und sie hoffen, dass durch ihr Gebet Licht in ihr eigenes Leben kommt und in das Herz der Menschen, für die sie diese Kerze anzünden. Heute hat dieser alte Brauch selbst für viele, die sonst dem Glauben fernstehen, neue Bedeutung gewonnen. In vielen Autobahn- und Wallfahrtskirchen stellen die Menschen Kerzen auf und zünden sie an für ihre eigenen Anliegen und Nöte, aber auch für andere Menschen, um deren Not sie wissen. Es ist ein Liebesdienst für sie. Sie vertrauen darauf, dass durch das Licht der Kerze Gottes Licht und Liebe die Herzen der Menschen durchströmt, ihre Wunden heilt und ihre Finsternis erhellt.

Das zweite Element der Kerze ist das Wachs, das verzehrt wird. Für die frühe Kirche war daher die Kerze ein Symbol für Christus, der zugleich Gott und Mensch ist. Das Wachs ist Bild für seine menschliche Natur, die für uns verzehrt wurde, da er sich aus Liebe für uns hingab. Und die Flamme steht für seine Göttlichkeit. So erinnern uns die Kerzen an das Geheimnis der Menschwerdung Gottes in Jesus Christus. In der Kerze ist Christus selbst mitten unter uns. Und es ist Christus, der mit seinem Licht unser Haus und unser Herz erhellt und es mit seiner Liebe erwärmt. Die Göttlichkeit Jesu leuchtet gerade in seiner menschlichen Natur auf. *So ist die Kerze auch ein Geheimnis unserer eigenen Menschwerdung. In unserem Leib möchte Gottes Licht in dieser Welt aufstrahlen.* Aber das gelingt nur, wenn wir durchlässig werden für Gottes Licht und wenn wir uns wie Jesus hingeben an Gott und für andere. Von Gottes Licht erleuchtet, werden wir in der Hingabe zum Licht für andere.

In unserer Zeit haben die Kerzen, die die Widerstandsbewegung in der ehemaligen DDR bei ihren Montagsgottesdiensten angezündet hat, eine wichtige Rolle gespielt. Das Licht der Kerzen, das glaubende und hoffende Menschen in der Dunkelheit der politischen Verhältnisse angezündet haben, war stärker als die Macht der Panzer. Gegen die Kerzen kamen die Panzer nicht an. So drücken die Kerzen, die wir anzünden, unseren Glauben aus, dass das Licht Gottes stärker ist als die Finsternis dieser Welt und dass Gottes Licht auch unsere Dunkelheit erleuchtet, dass die Abgründe unserer Seele von Gottes mildem Licht erhellt und geheilt werden.

Baum des Lebens

Sinnbilder der Bibel

Die Bibel und die geistliche Tradition kennen neben den Symbolen auch viele Sinnbilder. Sinnbilder sind Bilder, die einen konkreten Inhalt haben, aber zugleich noch einen anderen Sinn in sich bergen. Sinnbilder sind mehr als Symbole. Sie stellen etwas dar. Man kann sie anschauen. Aber das, was wir als äußeres Bild schauen, hat noch einen tieferen Sinn. Es verweist uns auf etwas anderes. Und Sinnbild meint, dass das Bild unserem Leben Sinn vermittelt. Das deutsche Wort »Sinn« hat seine Wurzel im Wort »sinnen«, das im Althochdeutschen »streben, begehren«, ursprünglich aber »gehen, reisen« bedeutet. Das germanische Wort »sent« hat die Bedeutung »eine Fährte suchen, eine Richtung aufnehmen«. Im Schauen können wir unser eigenes Wesen erkennen. *Sinnbilder wollen uns auf eine innere Reise mitnehmen,* auf eine Reise in unbekanntes Land, letztlich in das Land Gottes.

Im Schauen der äußeren Bilder schaut man immer sein eigenes Wesen. Die Sinnbilder wollen sich in uns einbilden, damit wir durch sie erkennen, wer wir selbst sind. Jeder von uns lebt von inneren Bildern. Doch oft genug sind es krank machende Bilder, die das wahre Bild, das Gott sich von uns gemacht hat, verdunkeln. Die Sinnbilder der Bibel sind heilende Bilder. Sie tun unserer Seele und unserem Leib gut. Wenn wir sie in uns einbilden, dann kommen wir mit unserem wahren Wesen in Berührung. Und wir werden fähig, unserem Wesen entsprechend zu leben.

In der alternativen Medizin wird heute mit inneren Bildern gearbeitet. Man hat festgestellt, dass kranke Menschen oft negative Bilder in sich tragen. So leitet man die Kranken an, sich heilende Bilder vorzustellen. Sie werden aufgefordert, sich zum Beispiel vorzustellen, dass eine Lichtquelle in uns ist, die ihr Licht in die dunklen Bereiche unseres Leibes strömen lässt. Oder bei Krebs soll man sich vorstellen, wie das Licht von dieser Lichtquelle ausgeht und die kranken wuchernden Zellen zerstört. Die Bibel ist voll von heilenden Bildern. Wir brauchen uns keine künstlichen Bilder auszudenken. Es genügt, die Bilder der Bibel zu nehmen und sie sich einzubilden. Dann wird mit den Bildern die heilende und erhellende Kraft Gottes in uns eindringen und unsere Wunden heilen.

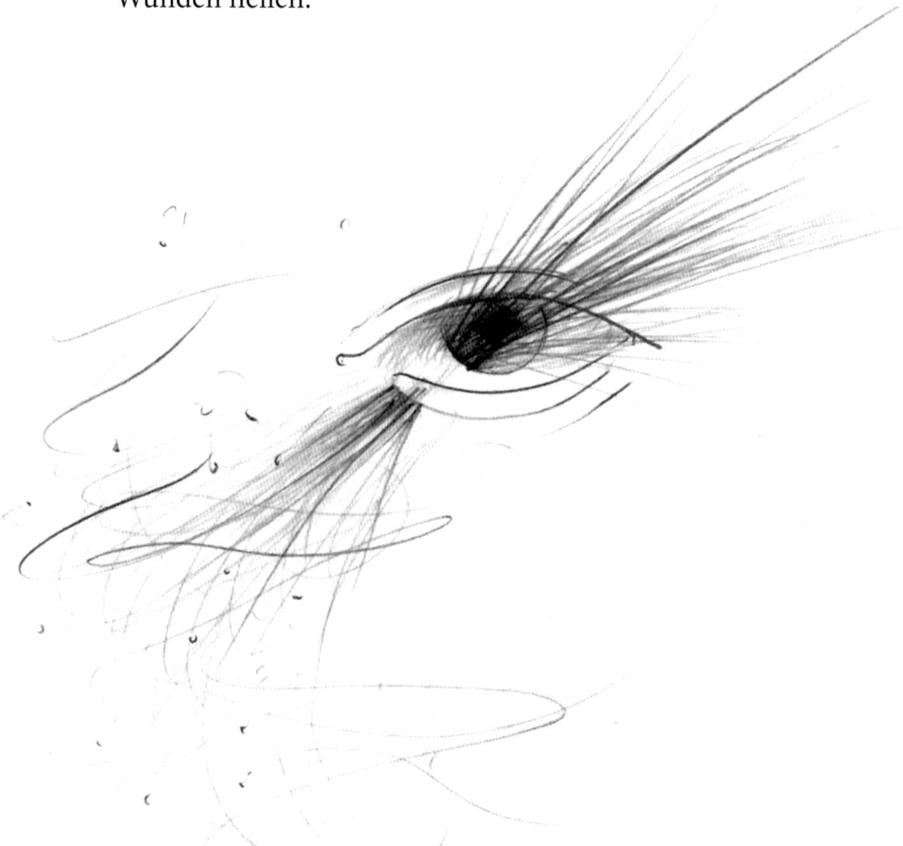

Der Tempel

Alle Religionen kennen Tempel. Die Israeliten bewunderten den Tempel, den König Salomo nach Anweisung Gottes gebaut hat. Zum Tempel in Jerusalem zu pilgern, im Haus des Herrn zu beten, das war für die Juden Erfüllung ihrer Sehnsüchte. Im Tempel wohnt Gottes Herrlichkeit. Der in Stein errichtete Tempel wird zum Abbild des Bundeszeltes, das Mose in der Wüste errichtet hat, um zu zeigen, dass Gott bei seinem Volk Wohnung genommen hat und mit ihm durch die Wüste zieht. Salomo hat einen steinernen Tempel gebaut, in großer Pracht und Herrlichkeit. Dort ist Gott seinem Volk besonders nahe.

Jesus lehrt immer wieder im Tempel. Aber er relativiert auch den Tempel. Im Johannesevangelium bezeichnet er sich selbst als den wahren Tempel, als den Ort, an dem Gott gegenwärtig ist unter den Menschen. Schon Paulus sieht den Tempel als Sinnbild für den Menschen. Er schreibt: »Wisst ihr nicht, dass euer Leib ein Tempel des Heiligen Geistes ist, der in euch wohnt und den ihr von Gott habt?« (1. Korinther 6,19.) Der Hebräerbrief beschreibt das erlösende Handeln Jesu als ein Durchschreiten des Vorhangs zum himmlischen Heiligtum. Und im Buch der Offenbarung heißt es, dass es im Himmel keinen Tempel mehr geben wird: »Denn der Herr, ihr Gott, der Herrscher über die ganze Schöpfung, ist ihr Tempel, er und das Lamm« (Offenbarung 21,22). Gott wohnt nun unter den Menschen und in ihnen. Damit ist die Aufgabe des Tempels auf Erden erfüllt.

In der Beschreibung von der Austreibung der Händler aus dem Tempel sieht Johannes das, was geschehen ist, als inneres Geschehen in uns (Johannes 2,13–22). Jesus vertreibt alle Händler und Geldwechsler aus unserer Markthalle. Er reinigt den Tempel unseres Leibes und erfüllt ihn mit seiner Herrlichkeit. Insofern ist der Tempel ein wichtiges Bild für uns selbst geworden. Der Mensch erlebt sich oft genug als Markthalle. In seinem Innern ist der Lärm der Händler, das sind die lärmenden Gedanken, die sich gegenseitig übertreffen möchten. Da gibt es Geldwechsler in uns. Das sind die Stimmen, wie wir gehandelt werden auf dem öffentlichen Markt, was unser Kurswert bei den Menschen ist. Und da gibt es Rinder, Schafe und Tauben in uns. Die Rinder stehen für das Triebhafte in uns, die Schafe für das oberflächliche Dahinleben und die Tauben für die flatternden Gedanken, die sich nicht bändigen lassen. All das vertreibt Jesus, damit wir nicht mehr Markthalle, sondern Tempel Gottes werden. Wenn wir diese Geschichte als innere Geschichte verstehen, dann werden wir uns rein körperlich anders fühlen. Die Markthalle bewirkt in uns, dass wir das innere Chaos zusammenhalten wollen, indem wir die Muskeln anspannen und uns verkrampfen. *Wenn wir das Bild des Tempels auf uns wirken lassen, dann fühlen wir uns weit. Wir richten uns auf, entdecken unsere Würde.* Und wir spüren eine innere Offenheit und Freiheit, zugleich die Schönheit, die unsern Leib durchdringt. Es ist letztlich der Glanz Gottes selbst, der uns erfüllt. Der Tempel ist daher ein heilendes Bild, das wir uns einbilden sollen.

Wir erleben uns als Menschen immer wieder anders, je nachdem in welche Kirche wir gehen. Jeder Tempel, jede Kirche hat eine Wirkung auf uns. In einer romanischen Kirche fühlen wir uns geborgen, wie in einem Mutterschoß. Und wir genießen die gebaute Stille, die uns umgibt. In einer gotischen Kirche wird unser Blick nach oben gelenkt. Wir spüren die Sehnsucht in uns, die nach oben geht, den Wunsch, aufzusteigen in den Himmel. In einer Barockkirche spüren wir die eigene Lebendigkeit. In den Bildern und Figuren erahnen wir die inneren Bilder unserer Seele, sowohl die Bilder des Unerlösten und Dunklen in uns als auch die Bilder des Heiles und der inneren Leichtigkeit. Alles gehört uns. In einer Barockkirche können wir uns aussöhnen mit allem, was in uns ist. Das gibt unserem Leben Buntheit und Freiheit. Es beschwingt uns und macht alles leicht in uns. In einer Zeltkirche fühlen wir uns auf unserem Pilgerweg daheim. Gott selbst wohnt unter uns. Wir sind geborgen unter seinem Zelt. Aber wir erfahren auch, dass wir nur auf der Durchreise sind zu einem jenseitigen Ziel.

Eberhard Münch sieht das Wesen des Tempels darin, dass sich Gott und Mensch darin begegnen. Im grauen Alltag kommen Menschen zusammen. Über ihrer Gemeinschaft bricht von oben das göttliche Licht herein. Da entsteht ein Spalt im Grau des Alltags. Gottes Licht erreicht die Menschen und verwandelt ihr Leben und ihr Miteinander. So geschieht im Tempel die Begegnung zwischen Gott und dem Menschen. Und diese Begegnung leuchtet in unser alltägliches Leben hinein.

Der Baum des Lebens

Der Baum des Lebens hat in der Bibel verschiedene Bedeutungen. Im Paradies verheißt er uns die Fülle des Lebens. Die Schlange benennt ihn als den Baum der Erkenntnis, an dem uns die Augen aufgehen und wir erkennen werden, dass wir wie Gott sind. Der Paradiesbaum ist ein wunderbarer Baum. Doch er wird zum Verhängnis für Adam und Eva. Denn die Schlange überredet sie, von den Früchten dieses Baumes zu essen, obwohl Gott ihnen aufgetragen hatte, von allen Bäumen zu essen, nur nicht von diesem einen.

Das Neue Testament antwortet auf den Baum des Lebens mit dem Bild des Kreuzes. Das Kreuz wird als der wahre Baum des Lebens gesehen. Es tilgt die Schuld, die damals geschehen ist. So zeigen manche Darstellungen, dass unter dem Kreuz das Grab Adams ist. Die christliche Kunst hat das Kreuz auch oft als Lebensbaum dargestellt. Dieser Tradition folgt auch der Maler Eberhard Münch. Sein Bild des Baumes sprüht förmlich vor Leben. Das Kreuz treibt Blätter und Blüten. In seinen Zweigen nisten die Vögel. Es ist ein Symbol, dass der Tod überwunden ist. Zugleich zeigt uns der Lebensbaum die Fülle des Lebens, die uns im Paradies erwartet. Das Kreuz ist

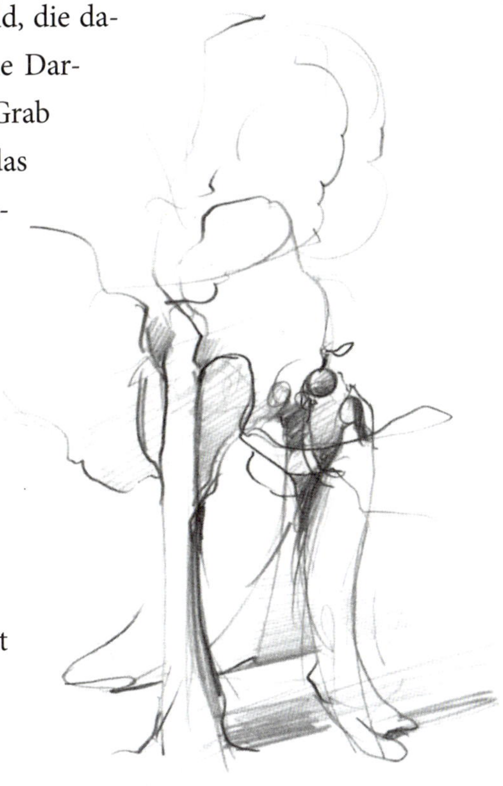

der neue Paradiesbaum. Von seinen Früchten dürfen wir essen. Sie erfüllen uns mit göttlichem Leben. Zugleich ist der Lebensbaum auch der Weltenbaum, der Himmel und Erde miteinander verbindet. Das Kreuz tritt an die Stelle des Weltenbaumes, der bei den Germanen und Kelten als die immergrüne Weltesche Yggdrasil verehrt wurde.

Die frühe Kirche sieht im Kreuz den wahren Weltenbaum, der Himmel und Erde, Gott und Mensch miteinander verbindet. Diese Ansicht weitet das Geheimnis des Kreuzes Jesu bis ins Kosmische hinein aus. Im Kreuz wird der ganze Kosmos zusammengehalten. In den apokryphen Texten des Apostels Andreas spricht dieser das Lob dieses kosmischen Mysteriumsgeheimnisses aus, das im Kreuz aufscheint: »Ich kenne dein Mysterium, o Kreuz, um dessentwillen du auch errichtet bist. Denn du bist festgerammt in der Welt, um das Unstete zu befestigen. Und du reichst bis in den Himmel, um den von oben kommenden Logos anzuzeigen. Du bist ausgebreitet zur Rechten und zur Linken, auf dass du die furchtbare feindliche Macht in die Flucht jagst und die Welt zusammenbringst. Und du bist in der Erdentiefe fest gefügt, damit du das, was auf der Erde und unter der Erde ist, mit dem Himmel verbindest. O Kreuz, du Heilswerkzeug des Höchsten! … O Name des Kreuzes, der du das Weltall in dir beschließest! Heil dir, o Kreuz, dass du den Kosmos in seinem Umfang zusammenhältst.«

Der Baum der Erkenntnis im Paradies wird in der Kunst oft als Apfelbaum dargestellt, während der Lebensbaum als Palme erstrahlt. Der Apfel ist ein Bild der Fruchtbarkeit und der Liebe, zugleich in seiner runden Gestalt ein Bild der Ewigkeit. Durch die Sünde hat der Mensch das Paradies, die Ewigkeit, verloren. Und seine Liebe wurde vermischt mit Gier und Sucht. Die Palme galt schon bei den Babyloniern als Gottesbaum. In Ägypten wurde sie als Lebensbaum gesehen. Die frühe Kirche hat diese Bedeutung übernommen. Die Palmzweige weisen auf den Sieg der Märtyrer über den Tod hin. Sie sind durch ihr Martyrium hineingegangen in das Paradies. In der reich geschmückten Palme – wie sie zum Beispiel in der Apsis von San Prassede in Rom dargestellt ist – leuchtet die Fülle des Lebens auf, die uns im Paradies erwartet und die in der Feier der Eucharistie schon jetzt für uns erfahrbar wird. Martin Luther stellt dem Baum des Todes, der für ihn das Gesetz ist, den Baum des Lebens gegenüber, der das Evangelium symbolisiert. Der Baum des Todes wird als dürrer Baum dargestellt, der Baum des Lebens als grünender Baum mit vielen Vögeln, die darin nisten und fröhlich zwitschern. Die Kunst liebt dieses Bild und stellt es immer wieder dar.

Im Baum des Lebens erkennen wir den Reichtum des Lebens, den Gott uns zugedacht hat. In ihm strahlt das Paradies schon in unser Leben hinein.

Im Bild von Eberhard Münch schauen wir den Reichtum des Lebens, der gerade in der Mitte des Kreuzes, dem Ort, an dem Jesus sein Herz uns geöffnet und seine Liebe auf uns ausgegossen hat, am hellsten aufblüht.

Der brennende Dornbusch

Die Bibel kennt heilsame Bilder, die wir uns einprägen sollen, damit sie uns mit unserem wahren Wesen in Berührung bringen. So ein heilsames Bild ist der brennende Dornbusch. Mose, der mit dem Versuch, seinem Volk in Ägypten beizustehen, gescheitert ist, lebt in der Fremde. Er kommt sich selbst entfremdet vor, unbrauchbar, abgeschnitten von seinen Wurzeln, wertlos. In dieser Situation sieht er in der Wüste einen Dornbusch, der brennt, ohne zu verbrennen. Er erkennt in ihm ein Bild für sich, sein eigenes Vertrocknetsein, seine eigene Wertlosigkeit und Unbrauchbarkeit. Und im Feuer des brennenden Busches offenbart sich ihm Gott selbst. Da zeigt uns Gott sein Antlitz, das aber – so stellt es Eberhard Münch auf seinem Bild dar – doch kein Gesicht ist, das uns wieder entschwindet. Aber wenn Gott uns im Dornbusch erscheint, wenn alles in uns zum Feuer der Liebe wird, dann wird auch alles, was in uns brüchig ist, abgerundet. Es entsteht in uns trotz der chaotischen Dornen am unteren Bildrand etwas Heiles und Ganzes. Wir werden in unserer Brüchigkeit heil und ganz.

So wird der brennende Dornbusch ein Bild für uns. Wir erleben uns oft genug ähnlich wie Mose: unbrauchbar, gescheitert, vertrocknet, ausgebrannt. Doch gerade dort, wo wir uns so erfahren, leuchtet gleichzeitig auch Gottes Herrlichkeit auf. Seine Zusage, sein Zuspruch »Ich bin bei dir« gilt uns. So ist seine Herrlichkeit in uns, was auch geschieht. Das bewahrt uns nicht vor dem Leid. Wir bleiben der vertrocknete Dornbusch. Wir bleiben ganz und gar Mensch. *Aber Gott ist in uns. Er erleuchtet unseren Leib. Er erscheint auf unserem Antlitz.* Und dennoch können wir Gott nicht besitzen. Wir müssen in aller Demut anerkennen, dass wir Menschen bleiben. Wir verschmelzen nicht mit Gott, sondern wir werden mit Gott eins, so wie es das Konzil von Chalzedon von der Einheit der Gottheit und Menschheit in Jesus Christus ausgedrückt hat: unvermischt und ungetrennt.

Es ist gut, sich dieses Bild einzuprägen. Dann hilft es uns, uns als Menschen anzunehmen, so wie wir sind. Wir lassen den Drang los, perfekt sein zu müssen. Aber zugleich spüren wir, dass wir nicht nur die wertlosen Menschen sind, sondern dass wir durch Gottes Herrlichkeit eine unantastbare Würde erhalten haben. Wir sind der Ort, an dem Gottes Herrlichkeit in dieser Welt aufleuchtet. Wir dürfen Gott nicht für uns vereinnahmen. Wie Mose sollen wir die Schuhe ausziehen und erkennen, dass dies ein heiliger Ort ist.

Der brennende Dornbusch wurde in der christlichen Kunst und Literatur oft als Bild für Maria gesehen, die Gottes Sohn gebar und dennoch ganz und gar Mensch blieb. Sie brannte, aber sie verbrannte nicht. Sie wurde Mutter, blieb aber dennoch Jungfrau. Das ist ein Bild für die geistige Geburt Gottes in uns selbst. Maria steht in der christlichen Symbolik immer als Bild für den erlösten Menschen. Wir selbst sind wie Maria zugleich Jungfrau und Mutter. Wir werden fruchtbar durch Gott. Das Eigentliche, was in uns geboren wird, ist Gott selbst. Wenn Gott in uns geboren wird, dann bleiben wir die schwachen und hinfälligen Menschen. Doch zugleich leuchtet Gottes Herrlichkeit in uns auf.

Die Perle

Viele liturgische Geräte wie Kelch, Hostienschale, Kreuz und Monstranz sind oft mit Perlen geschmückt. Die Perle galt schon vor Christus als spirituelles Symbol. Glänzend, rund, gilt sie als Bild der Vollkommenheit. Wir sollen rund und ganz und schön werden wie die Perle. Weil sie hart und unveränderlich ist, steht sie oft auch als Bild für die Unsterblichkeit. In ihrer Schönheit ist sie bei den Griechen Symbol der Liebe. Die unversehrte Perle galt in Persien als Bild der Jungfrau. Die Perle wächst in der Muschel in der Tiefe des Meeres. Sie ist damit ein Symbol für das im Mutterleib entstehende Kind, vor allem aber ein Sinnbild des in die Finsternis scheinenden Lichtes.

Die Gnosis und das frühe Christentum haben die Perle als Symbol geliebt. Die Perle ist auch ein Bild für Christus, der aus dem Fleische Marias geboren wurde, der Licht in unsere Finsternis brachte. Das Licht Gottes hat nicht nur Maria erleuchtet, sondern das ganze Leben des Menschen. Seit der Menschwerdung Gottes durchdringt das göttliche Licht der Liebe unseren menschlichen Körper. Wir sind geheiligt und verwandelt durch die Menschwerdung Gottes.

Noch ein anderes Symbol steckt in der Perle. Die Perle wächst in den Wunden der Auster. Das ist für Hildegard von Bingen ein wunderbares Bild für das Geheimnis unserer Entwicklung auf dem Weg zum wahren Menschen. Hildegard meint, ob unsere Menschwerdung und Selbstwerdung gelingt, hängt davon ab, ob unsere Wunden in Perlen verwandelt werden. Gerade dort, wo wir verwundet worden sind, entdecken wir auch etwas Kostbares in uns. Die Wunde hält uns lebendig. Sie bricht uns auf für unser ursprüngliches Bild, das Gott sich von uns gemacht hat. Und sie bricht uns auf für Gott und für die Menschen. In der Wunde entdecken wir oft unsere Fähigkeiten: die Fähigkeit, gut zuzuhören, andere Menschen zu verstehen und denen zu helfen, die an sich selbst leiden, vor allem denen, die an ähnlichen Wunden leiden wie wir.

Jesus erzählt uns ein Gleichnis von der kostbaren Perle: »Auch ist es mit dem Himmelreich wie mit einem Kaufmann, der schöne Perlen suchte. Als er eine besonders wertvolle Perle fand, ging er hin, verkaufte alles, was er besaß, und kaufte sie« (Matthäus 13,45 f.). Die Perle steht hier für Christus und zugleich für das wahre Selbst. So wie die Perle in der Auster heranwächst, so will Christus in unserem Leben Gestalt annehmen. Wenn unser Leib durchlässig für Christus wird, wenn wir in der Tiefe unseres Daseins Christus in uns entdecken, dann haben wir alles, wonach wir uns sehnen. Dann sind wir im Himmelreich, dann bestimmt Christus unser Leben. Und *unser Leben bekommt einen neuen Glanz, den Glanz einer kostbaren Perle, die alle andere Schönheit überstrahlt.* Diese kostbare Perle wird im Bild von Eberhard Münch sichtbar. Sie ist in wertvollem Gold gehalten. Die goldene Farbe verwandelt alle dunklen Bereiche unserer Seele, und sie verwandelt unsere Wunden.

Das Buch der Offenbarung beschreibt das neue Jerusalem als von Perlen geschmückte Stadt. Die Grundsteine der Stadtmauer sind mit Edelsteinen geschmückt. Ja, die Grundsteine selber sind kostbare Perlen (vgl. Offenbarung 21,19 f.). Und auch »die zwölf Tore sind zwölf Perlen; jedes der Tore besteht aus einer einzigen Perle« (Offenbarung 21,21). An dieser Stelle schildert Johannes, dass alle Verfolgungen durch feindliche Menschen und Mächte ein Ende haben. Alle Wunden, von denen das Buch der Offenbarung bis dahin immer wieder gesprochen hat, werden in Perlen verwandelt und schmücken die heilige Stadt. Das ist ein Bild für unsere Selbstwerdung. Wenn wir durch alle Not und alles Leid hindurchgegangen sind, dann werden auch wir leuchten, und kostbare Perlen schmücken uns. Die Perlen sind der Grund, auf dem wir stehen. Und sie sind die Tore, durch die wir Zutritt haben zu unserem wahren Selbst, zum Nächsten und zu Gott.

Der Berg

In allen Religionen gibt es heilige Berge. Wegen ihrer Höhe gelten sie als Bindeglieder zwischen Himmel und Erde, zwischen Gott und den Menschen. Und die Berge sind Orte, an denen der Mensch Gott in besonderer Weise begegnet. Der Aufstieg zum Berg gilt in vielen Religionen als Bild für den inneren Läuterungsweg des Menschen auf seinem Weg zu Gott. Johannes vom Kreuz hat dieses Motiv aufgegriffen, wenn er vom Aufstieg zum Berge Karmel spricht und ihn als Bild für den mystischen Weg zu Gott sieht. Berge gelten als Kraftzentren. Daher baut man Kirchen und Klöster besonders gerne auf Bergen. *Berge sind Stätten der Offenbarung Gottes.*

Die Bibel liebt das Motiv des Berges. Mose steigt auf den Gottesberg Horeb. Auf dem Berg ist er allein mit Gott. Und auf dem Berg gibt ihm Gott die Zehn Gebote, die Weisung für ein gelingendes Leben im Miteinander. Der Berg ist der Ort der Gotteserfahrung und zugleich der Ort der Weisung. Das Alte Testament kennt den Gottesberg Horeb oder Sinai als den Thronsitz Gottes. Und es kennt den Berg Zion. Diesen hat Gott sich auserwählt, um dort zu wohnen. Dort ist sein Heiligtum, in dem die Menschen Schutz und Heilung erfahren. Der Prophet Jesaja sieht in einer Vision, wie alle Völker zum Berg Zion wallfahren, um Gott anzubeten: »Der Berg des Hauses des HERRN steht fest gegründet als höchster der Berge; er überragt alle Hügel. Zu ihm strömen alle Nationen. Viele Völker gehen und sagen: Auf, wir ziehen hinauf zum Berg des HERRN und zum Haus des Gottes Jakobs« (Jesaja 2,2 f.).

Das Neue Testament greift die verschiedenen Bilder des Berges auf. Im Matthäusevangelium hält Jesus seine entscheidende Predigt auf dem Berg. Dort weist er uns ein in die Kunst des gelingenden Lebens. Hier fasst er die Weisheit aller Völker und die Weisheit Israels zusammen und zeigt uns, wie wir auf neue Weise leben können, wenn wir uns als Söhne und Töchter Gottes erfahren haben. Wenn wir Gott und uns selbst neu erleben, dann werden wir auch anders leben. Doch der Berg kann auch zum Berg der Versuchung werden. In der Wüste wird Jesus vom Satan auf einen Berg geführt, um ihm alle Macht dieser Welt zu zeigen. Doch Jesus widersteht der Versuchung der Macht. Und so wird der Berg der Versuchung zugleich zum Berg des Paradieses. Engel kommen und dienen Jesus (Matthäus 4,11). Gerade dort, wo Jesus auf dem Berg die Versuchung überwunden hat, vermag er uns in die Kunst des gelingenden Lebens einzuweisen.

Jesus steigt auf einen Berg, um zu beten. Auf einem Berg beruft er die Jünger und setzt sie als Apostel ein (Markus 3,13). Und Jesus führt seine Jünger auf den Berg Tabor. Dort wird er vor ihnen verklärt, es entsteht eine ganz besondere Situation. Auf dem Berg leuchtet Gottes Herrlichkeit in seinem Gesicht auf (Markus 9,2–10). Die drei Jünger, die er mitgenommen hat, schauen sein leuchtendes Antlitz. Und sie sehen Mose und Elija, die beide auf dem Gottesberg Horeb Gott erfahren haben. Beide haben mit Jesus auch die Erfahrung des vierzigtägigen Fastens gemeinsam. Das Fasten hat sie aufgebrochen für Gott und ihren Leib durchscheinend für seine Herrlichkeit gemacht. Der Berg ist der Ort, an dem Gottes Licht auch auf unserem Antlitz erstrahlen kann. Der

Berg öffnet uns für das Geheimnis Gottes und seiner Herrlichkeit. Auf dem Berg sind wir Gott besonders nahe. Da fällt die Last des Alltags ab. Wir schauen von oben herab auf unsere Welt, und wir ahnen auf der Einsamkeit des Berges Gottes Herrlichkeit, die uns umgibt.

All diese Motive der Bibel vom Berg als dem Ort der Offenbarung Gottes, als dem Ort des Gebetes, als dem Ort der Versuchung und zugleich als dem Ort des Paradieses greift Eberhard Münch auf. Da führt ein Weg auf den Berg. Er führt durch das Dunkel des Waldes nach oben. Dort leuchtet im Gelb Gottes Herrlichkeit auf. Aber nun gilt es, wie die Jünger wieder ins Tal hinabzusteigen, um Gottes Licht und Gottes Liebe auch in das graue Tal unseres Alltags zu bringen und sich dort an das Licht zu erinnern, das wir auf dem Berg geschaut haben.

Die Höhle

Das Sinnbild der Höhle steht für den Mutterschoß. Daher hat die Ostkirche die Geburt Jesu in eine Höhle verlagert. Sie bringt den Mutterschoß Mariens in Zusammenhang mit der Höhle. Die Höhle verweist uns auf das Herz der Erde. Die Menschwerdung Gottes beginnt mit dem Abstieg Jesu in die Tiefe der Erde, in die Dunkelheit einer Höhle. Wenn Gott aus dem Mutterschoß der Erde geboren wird, wird der gesamte Kosmos verwandelt und mit Gottes Leben und Kraft erfüllt. Die Erde wird durch den Himmel befruchtet. Die Dunkelheit, die die Höhle kennzeichnet, wird erhellt durch das Licht des göttlichen Kindes. In einem Weihnachtslied des Kirchendichters Romanos (ca. 490–560) wird dieses Geheimnis so beschrieben: »Die Jungfrau gebiert heute den Überwesentlichen, und die Erde bietet die Höhle dar dem Unzugänglichen.« Die Kirchenväter vergleichen den Leib der Jungfrau in der Höhle mit dem Garten Eden. Aus ihm entspross der Lebensbaum, an dem die göttliche Frucht wächst, von der wir essen dürfen und nicht wie Adam sterben müssen. Die Ikonen der Ostkirche knüpfen mit ihrer Darstellung der Geburt Jesu in der Höhle sicher auch an die mythischen Höhlengeburten antiker Götter an. So wurden Zeus, Dionysos und Mithras in einer Höhle geboren. Die Griechen sahen in der Höhle auch ein Bild für die Gottesferne, in die Christus das göttliche Licht bringt. Die Höhlen waren gefährliche Orte, von Dämonen behaust. Wenn Christus, das Licht, in diese Höhle kommt, wird sie – wie in griechischen Sagen vorausgedacht – in einen Ort verwandelt, an dem eine Heil bringende Quelle entspringt.

Die Höhle ist schon im Alten Testament ein wichtiges Symbol. Elija zieht sich in die Höhle zurück. Er will von den Auseinandersetzungen mit seinen Gegnern nichts mehr wissen. In der Höhle sucht er Schutz vor seinen Verfolgern. Doch Gott lässt ihn nicht in der Höhle. Wir dürfen uns zwar immer wieder einmal in die Höhle, in die Geborgenheit einer Kirche, in den Mutterschoß der Stille, in der wir von Gottes heilender Gegenwart umhüllt sind, zurückziehen. Doch dann wird uns Gott auch wieder herausrufen, so wie er es bei Elija getan hat: »Komm heraus und stell dich auf den Berg vor den HERRN!« (1. Könige 19,11.) Auf dem Berg weht ein kühler Wind. Dort hat Gott einen Auftrag für uns, dass wir hinausgehen müssen in die Welt, um auf unsere Weise Gott zu verkünden.

In der Höhle, so erzählen uns die Sagen, können auch Drachen hausen, gefährliche Schlangen und Löwen, Dämonen und Totengeister. Wenn die Geburt Jesu in eine Höhle verlagert wird, bedeutet das auch, dass Christus alle Drachen und Schlangen daraus vertreibt. Das Dämonische weicht zurück vor Christus. Die Totengeister, die Geister, die mich nicht zum Leben, sondern zum Tod führen, werden entmachtet. Die unerlösten Geister meiner jahrhundertelangen Familiengeschichte lösen sich auf oder verschwinden. Auch die Untiere, die sich in meinem Innern zurückgezogen haben und mich von Zeit zu Zeit bedrohen, werden durch Jesus Christus entmachtet.

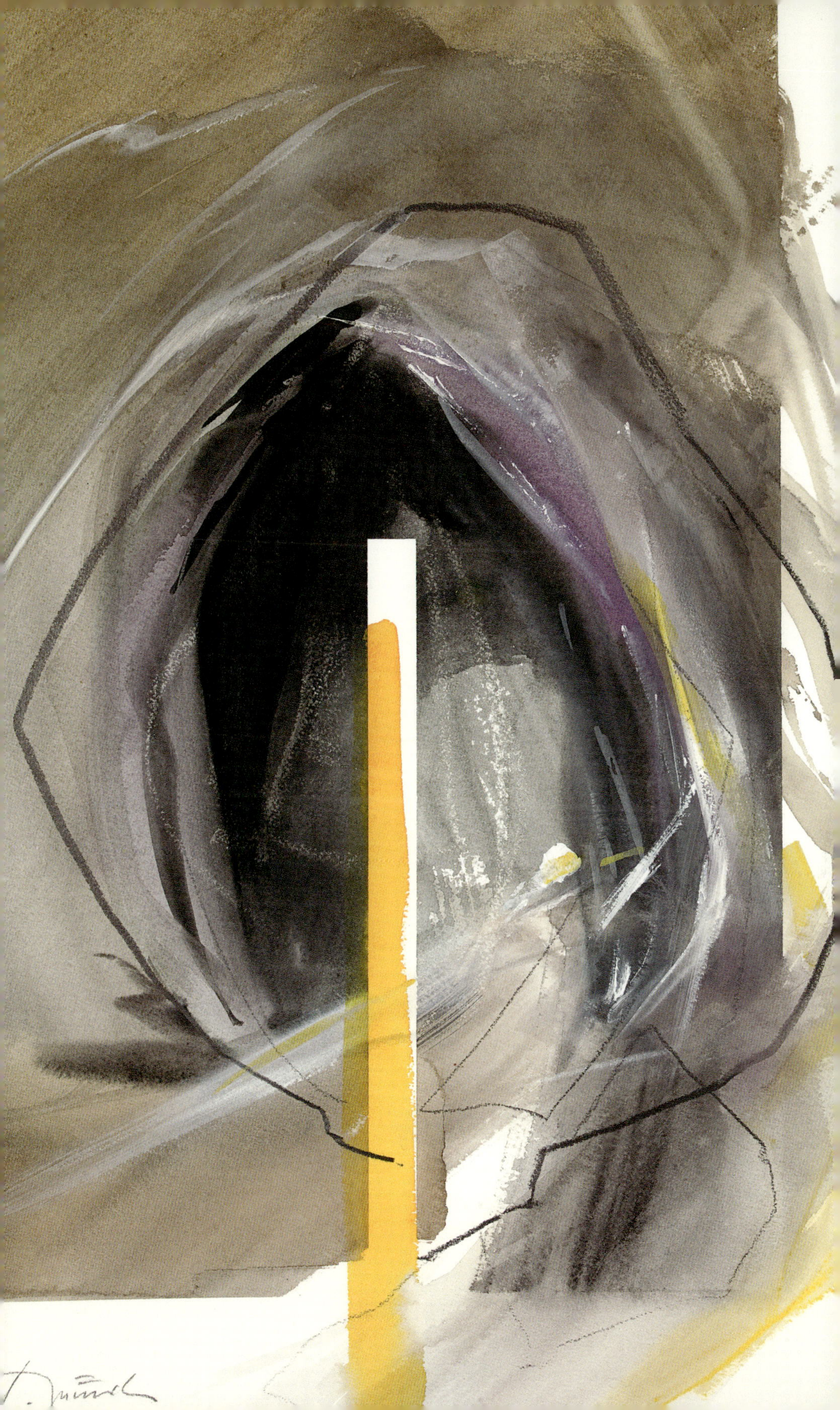

Für Eberhard Münch bricht das Licht Jesu Christi ein in das Dunkel der Höhle. In den Abgründen unserer Seele wird es hell, wenn Christi Licht dort aufstrahlt. *Das göttliche Licht ermöglicht es uns, ohne Angst in die Abgründe unserer Seele hinabzusteigen.* Denn es gibt keinen Bereich in uns, der nicht von Christus erleuchtet und verwandelt werden kann.

Marienwallfahrtsorte sind oft an einer Grotte oder Höhle entstanden. In Lourdes schöpfen die Pilger Wasser aus der Höhle, in der Bernadette die Gottesmutter gesehen hat. In diese Höhle sind sicher viele Sehnsüchte matriarchaler Religionen eingeflossen. Da ist die Ahnung, dass die Erde für uns Heimat ist, dass sie uns nährt und heiliges Wasser hervorbringt, das uns reinigt und belebt. Die Volksfrömmigkeit hat unbewusst matriarchale Züge in das Christentum hineingetragen. Manche Puristen wehren das als heidnisch ab. Aber heute sind wir eher dankbar, dass das Christentum nicht rein patriarchalisch geblieben ist, sondern in Maria und in den vielen heiligen Grotten und Höhlen auch matriarchale Sehnsüchte aufgegriffen hat. Christus, der in der Höhle geboren wurde, erfüllt, was in matriarchalen Kulten erahnt worden ist. Im Inneren der Erde wird Christus aus einer Frau geboren, um den ganzen Kosmos zu heiligen, um die Erde zu befruchten und uns zur Heimat werden zu lassen.

Das Tor

Jesus nennt sich die Tür zu den Schafen. Und er sagt von sich: »Ich bin die Tür; wer durch mich hineingeht, wird gerettet werden; er wird ein- und ausgehen und Weide finden« (Johannes 10,9). Durch die Tür können wir eintreten in das eigene Herz, können wir in Berührung kommen mit uns selbst, mit unserer Seele, mit unseren Sehnsüchten. Wenn Jesus sich die Tür nennt, durch die wir eintreten können, um gerettet zu werden, dann meint er offensichtlich, dass wir durch ihn Zugang zu unserem wahren Selbst finden. Wir leben oft außerhalb von uns. Wir leben an der Oberfläche. Wir sind nicht in Berührung mit uns selbst. *Durch die Begegnung mit Jesus treten wir ein in den Bereich unserer Seele. Da werden wir gerettet, ganz und heil.* Da hören wir auf, an uns selbst vorbeizuleben, da kommen wir zu uns selbst, da werden wir erst Mensch. Wenn wir durch die Tür unseres Herzens schreiten, öffnet sich uns ein heiliger Raum – so zeigt es Eberhard Münch in seinem Bild auf der übernächsten Seite. In uns leuchtet das göttliche Licht. Aber wir müssen in der Dunkelheit unseres Lebens die Tür finden, um dieses Licht in uns zu entdecken.

Die Tür kann aber auch ein Bild sein für den Zugang, den wir zu anderen Menschen finden. Lukas erzählt uns von Paulus und Silas, die mitten in der Nacht im Gefängnis Loblieder singen. »Mit einem Schlag sprangen die Türen auf und allen fielen die Fesseln ab« (Apostelgeschichte 16,26). Wenn wir Gott loben, öffnen sich die Türen zu anderen Menschen. Auf einmal entsteht Gemeinschaft zwischen den Gefangenen und dem Gefängniswärter. Wir bekommen einen Zugang zum Herzen von Menschen, die uns bisher fremd waren. Doch manchmal machen wir die Erfahrung, dass wir den Schlüssel nicht finden, um die Tür zu bestimmten Menschen aufzuschließen.

Die Tür ist ein archetypisches Bild. Die Griechen kannten die Tür, die zum Himmel führt. Auch die Gnosis spricht von der Tür, die uns den Zugang zu Gott ermöglicht. Durch die Tür treten wir in einen Raum ein. Das kann ein heiliger Raum sein, ein geheimnisvoller Raum. Die Synoptiker sprechen davon, dass wir in das Reich Gottes eintreten. Die Tür ist aber auch ein Bild für den Zugang zu unserem eigenen Wesen. Wenn wir davon träumen, dass die Tür in unser Haus verschlossen ist, dann verweist uns der Traum auf unsere Entfremdung von uns selbst. Wir haben keinen Zugang zu uns selbst. Wir leben außerhalb von uns. Von dieser Erfahrung spricht Jesus, wenn er sagt: »Wenn der Herr des Hauses aufsteht und die Tür verschließt und ihr draußen steht, an die Tür klopft und ruft: Herr, mach uns auf!, dann wird er euch antworten: Ich weiß nicht, woher ihr seid« (Lukas 13,25). Wer zu lange nur an der Oberfläche, im Äußeren lebt, der ist von seinem Herzen abgeschnitten. Christus, der in ihm wohnt, erkennt ihn nicht, wenn er nach langer Zeit doch einmal an die Tür seines Herzens anklopft. Jesus will uns mit diesen Worten mahnen, in Berührung mit unserem Inneren, mit unserem Herzen, mit unserer Seele, zu leben. Sonst finden wir eines Tages die Tür nicht mehr, die uns nach innen, zu unserem wahren Selbst und zu Jesus Christus führt.

Johannes entfaltet das Bild der Tür, indem er sagt, dass wir durch die Tür »ein und aus gehen und Weide finden« (Johannes 10,9). Durch Jesus finden wir den Zugang zu uns selbst. Aber wir treten auch aus uns heraus. Wir gehen auf andere zu. Es geht etwas von uns aus. Wir kreisen nicht um uns selbst. Ein-und-aus-Gehen ist Bild des strömenden Lebens, eines Lebens, das fruchtbar wird. Und Johannes prophezeit uns, dass wir Weide finden werden, dass wir das finden, was unsere Seele nährt. Eine Weide ist ein Bild für das volle Leben. *Da wächst alles, was wir zum Leben brauchen, da wird unsere Seele satt.*

Es gibt verschlossene Tore. Sie weisen auf ein verborgenes Geheimnis hin. Wir haben keinen Zutritt dazu. Jesus spricht von der engen Tür, durch die wir hindurchgehen sollen, um auf dem engen Weg zum Heil zu finden. Das enge Tor ist das Tor, das allein uns bestimmt ist. Wir sollen nicht die anderen kopieren. Es kommt vielmehr darauf an, dass jeder sein eigenes Leben lebt. Das ist im Bild von der engen Tür dargestellt. Franz Kafka hat das Bild der Tür in seiner Parabel vom Schloss verwendet. Ein frommer Mann geht zum Schloss, um durch die Tür ins Innere zu gelangen. Doch ein Türhüter hindert ihn daran. Der Mann harrt vor der Tür aus, bis er zum Sterben kommt. Kurz bevor er stirbt, sagt der Türhüter: »Jetzt kann ich die Tür ja schließen. Denn die war nur für dich bestimmt.«

Wir sollen durch die enge Tür gehen, die Tür finden, die nur für uns bestimmt ist, damit wir unsere ureigenste Lebensspur eingraben in diese Welt. Und es bedarf einiger Anstrengung, um den engen Durchlass zu finden, der nur für uns bestimmt ist. Damit ist nicht eine fromme Leistung, etwa das Halten aller Gebote, gemeint. Es geht vielmehr immer wieder um das Spüren, wer ich eigentlich bin, was Gott mir zugedacht hat, was die einmalige Lebensspur sein kann, die nur ich in diese Welt eingraben soll.

Das Schiff

In der Antike war das Schiff ein Symbol für unser Leben. Wir fahren gleichsam in einem Schiff durch die Wellen und Wogen unseres Lebens. Das Schiff steht für die Reise und Überfahrt. *Es geht um einen inneren Prozess, in dem wir den Mut finden, hinauszufahren auf die hohe See und eine innere Reise anzutreten.* Immer wieder haben die frühen Christen das Schiff mit der Arche Noah verbunden. Die Arche, die sicher durch die Fluten kommt, ist ein Symbol für die Kirche. Die Kirche ist das Schiff, in dem wir trotz unserer schiffbrüchigen Natur Zuversicht haben, sicher ans Ziel zu gelangen. Die Identifizierung des Schiffes mit der Kirche zeigt sich auch in der Bezeichnung des Kirchenschiffs bei den Kirchenbauten. Wir sprechen vom Hauptschiff und vom Querschiff oder vom Seitenschiff. In der frühchristlichen Kunst wird die Kirche meist als Schiff dargestellt. Die Ruderer sind die Apostel, und der Mast des Schiffes steht für das Kreuz. Wer sich an den Mast des Kreuzes bindet – so sagen die Kirchenväter –, der wird wie Odysseus zwar den Gesang der Sirenen hören, aber mitten in den Gefahren und Gefährdungen dieses Lebens sicher ans Ziel gelangen. Das Kreuz als Mast erscheint auch im Bild von Eberhard Münch. Es gibt dem Schiff die Sicherheit, uns durch alle Höhen und Tiefen, dunklen und hellen Bereiche unseres Lebens hindurchzuführen, hin zum Ziel: in das helle Licht Gottes.

Der Evangelist Markus berichtet uns von drei Überfahrten Jesu mit den Jüngern. Jedes Mal gibt es dabei eine Krise. Das erste Mal geraten die Jünger in einen Wirbelwind (Markus 4,35–41). Sie werden hin- und hergerissen. Und Jesus schläft auf einem Kissen im hinteren Teil des Bootes. Das Boot ist hier ein Bild für die Gemeinde der Kirche, aber auch für den Einzelnen. Wir sind oft abgeschnitten von Jesus Christus, der in uns ist, der das wahre Selbst in uns verkörpert. Wenn wir die Beziehung zu Christus in uns verloren haben, dann bringen uns die Wellen und Wogen und die Stürme des Lebens durcheinander.

Das zweite Mal bläst den Jüngern ein heftiger Gegenwind ins Gesicht (Markus 6,45–52). Sie rudern alleine dagegen an. Doch ohne Jesus schaffen sie es nicht. Sie können sich noch so anstrengen. Das Boot gerät immer mehr in Gefahr. Jesus sieht, wie sich die Jünger abmühen. Er geht über den See und steigt in ihr Boot ein. Dann legt sich der Wind. Wenn Jesus in das Boot einsteigt, kommen wir in Frieden mit uns selbst.

Bei der dritten Überfahrt haben die Jünger ein schlechtes Gewissen, dass sie kein Brot auf den Weg mitgenommen haben (Markus 8,14–21). Doch Jesus zeigt ihnen, dass er das eigentliche Brot ist. Sie brauchen sich also keine Sorgen zu machen. Er fährt mit ihnen. Mit ihm werden sie sicher ans andere Ufer gelangen, an das Ufer des ewigen Lebens.

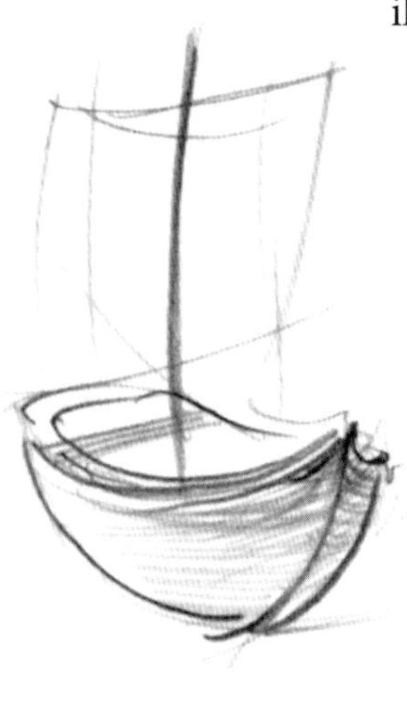

Die Mystik des Mittelalters hat in einem Lied, das in seiner Symbolik auf Johannes Tauler zurückgeht, das Schiff mit Maria verglichen:

»Es kommt ein Schiff, geladen
bis an sein' höchsten Bord,
trägt Gottes Sohn voll Gnaden,
des Vaters ewigs Wort.
Das Schiff geht still im Triebe,
es trägt ein teure Last;
das Segel ist die Liebe,
der Heilig Geist der Mast.
Der Anker haft' auf Erden,
da ist das Schiff am Land.
Das Wort will Fleisch uns werden,
der Sohn ist uns gesandt.«

Hier wird das Geheimnis der Menschwerdung Gottes in Jesus Christus im Bild des Schiffes gesehen. Maria trägt in ihrem Schiffsbauch die teure Last des göttlichen Wortes, das in ihr Fleisch wird, um uns zu heilen und um uns einzuladen, durch die Taufe in das Schiff einzusteigen, das er uns bereithält, um mit uns durch die Wellen und Wogen unseres Lebens an das jenseitige Ufer zu fahren, in die ewige Herrlichkeit Gottes.

Der Weinstock und die Reben

Wenn Jesus sich im Johannesevangelium selbst als den wahren Weinstock bezeichnet, dann sind seine Worte auf dem Hintergrund jüdischer Symbolik zu verstehen. Der Weinstock gilt als Bild für das Volk Israel. Gott selbst trägt Sorge für den Weinstock Israels. Aber das Volk muss diesen Weinstock hegen und pflegen und bearbeiten, damit er Frucht bringt. Schon das Alte Testament sieht aber den Weinstock auch als Symbol für den Messias. In diesem Sinn identifiziert sich Jesus mit dem Weinstock. Er ist der wahre Weinstock, der die Gläubigen wie die Rebzweige trägt. Er erfüllt die Verheißungen des Alten Testaments. Durch ihn wird das neue Volk Frucht bringen. Die ganze Welt wird durch die Jünger Jesu, die als Reben am Weinstock Jesu hängen, mit Liebe erfüllt.

Doch auch außerhalb des Judentums hat der Weinstock eine symbolische Bedeutung. Vor allem im Dionysoskult spielt er eine wichtige Rolle. Die Dionysosmysterien feiern Gott als einen ekstatischen Gott, als den Gott der verzaubernden Liebe. Dionysos ist sowohl der Gott des Todes als auch der Erneuerung allen Lebens. So ist der Weinstock in diesem alten Kult ein Bild für die Wiedergeburt. Ob Johannes an den Dionysoskult gedacht hat oder nicht, wissen wir nicht. Aber zumindest die Kirchenväter haben die Bilder des Johannes auch mit dem Dionysoskult verbunden. So hat die frühe Kirche die Hochzeit zu Kana am 6. Januar gefeiert, an dem Tag, an dem man drei Krüge in den Dionysostempel stellte und erwartete, dass sie über Nacht zu Wein werden. Jesus erfüllt die Sehnsucht, die die Griechen mit Dionysos verbunden haben, die Sehnsucht nach einer göttlichen Liebe, die unserem Leben einen neuen Geschmack gibt. Menschwerdung Gottes bedeutet, dass Gott mit uns Hochzeit feiert und unser fade gewordenes Wasser in den Wein der Liebe verwandelt. So gibt es zu Beginn des Johannesevangeliums eine Anspielung auf die Dionysosmysterien und am Ende ebenso. Dort heißt es, dass Jesus die Seinen bis zur Vollendung liebte. Der Tod Jesu ist Liebe »eis telos«. »Telos« heißt nicht nur »Vollendung«. Es ist auch ein Begriff der Mysteriensprache und steht für die Einweihung in das Geheimnis des Lebens und der Liebe. So können wir auch Jesu Rede vom Weinstock im Blick auf den Dionysoskult deuten, der damals die griechische Sehnsucht nach Ekstase und Mystik, nach einer Liebe, die den Menschen verzaubert, angesprochen hat. Wer in Christus ist, der wohnt im Raum seiner Liebe, der ist von seiner Liebe erfüllt, der hat teil an der göttlichen Liebe, die uns berauscht.

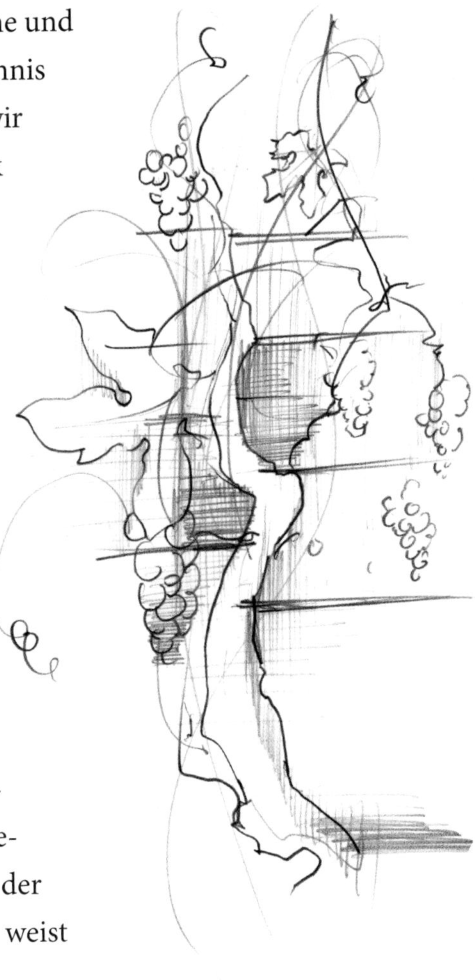

Jesus betrachtet die Schöpfung mit klaren Augen. Er erkennt in allem ein Bild für seine Beziehung zu den Menschen. So sieht er im Weinstock das Geheimnis der tiefen Verbundenheit der Gläubigen mit ihm. Jeder Weinstock weist letztlich auf etwas hin, das größer ist als er selbst. Er weist hin auf Christus, der all das erfüllt, was die Natur uns im Weinstock vor Augen führt. Jesus ist der wahre Weinstock. Wir sind die Reben am Weinstock Christi. Gott selbst ist der Winzer, der den Weinstock hegt und pflegt. Er schneidet die unfruchtbaren Reben ab, die fruchtbaren reinigt er. Unser Wesen besteht darin, dass wir in Christus bleiben und Christus in uns bleibt. Bleiben ist das zentrale Wort in dieser Bildrede Jesu. In den ersten sieben Versen (Johannes 15,1–7) gebraucht Johannes sieben Mal dieses Wort »menein«, das nicht nur »bleiben«, sondern auch »wohnen« und »verweilen« bedeutet. Wir wohnen in Christus, in seinem Wort, in seiner Liebe. Und Christus wohnt in uns. Seine Liebe ist in uns und erfüllt uns. Es ist ein mystisches Innesein. Christus wohnt in uns und wir in ihm. Das verwandelt uns. Nur wenn wir aus dieser inneren Verbindung mit Christus leben, bringen wir reiche Frucht. Frucht ist keine Leistung, sondern die Liebe, die unsere ganze Existenz prägt. Wenn wir aus dieser Liebe leben, wird unser Leben fruchtbar für andere. Sie werden durch uns befruchtet. Unser Leben blüht auf und durch uns auch das Leben anderer.

Jesus hat im Johannesevangelium keine Gleichnisse erzählt, sondern in Bildern gesprochen. Diese Bilder wollen sich uns einprägen, damit wir immer tiefer verstehen, wer Christus für uns ist und wer wir durch ihn und in ihm sind. Jesus lädt uns ein, in der Natur den Weinstock zu betrachten und in der Betrachtung das Geheimnis der eigenen Existenz zu erkennen. Wenn Künstler den Weinstock darstellen, dann greifen sie diese Einladung Jesu auf. In ihren Bildern deuten sie das Bild Jesu, *damit es immer tiefer in unsere Seele eindringt und uns die Gewissheit schenkt, dass Christus in uns bleibt und wir in ihm und dass unser Leben in Christus reiche Frucht bringt.*

Eberhard Münch hat in seinem Bild vom Weinstock die Fülle des Lebens dargestellt. Alle Farben des Regenbogens sind hier nochmals versammelt. Wer als Rebe am Weinstock Christus hängt, der trägt in sich die Fülle des Lebens. Und durch ihn haben auch die Menschen teil an der Buntheit des Lebens, am Reichtum, den Christus uns in seiner Liebe gebracht hat. Die Liebe, die von Christus her in uns einströmt, bringt reiche Frucht in unser Leben, Frucht für uns selbst und Frucht für die anderen.

Rituale

In der christlichen Tradition gibt es viele Rituale. Ganz persönliche, mit denen jeder seinen Tag auf seine individuelle Weise beginnt, etwa mit einem Segensritual oder mit dem Lesen eines Abschnitts in der Bibel. Viele kennen auch ein Abendritual, bei dem sie den vorübergegangenen Tag Gott übergeben. Solche Rituale am Abend schließen eine Tür, und sie öffnen auch eine Tür. Sie schließen die Tür der Arbeit und des Tages zu, damit sich die Tür des Feierabends und dann die Tür der Nacht öffnen kann. Rituale ermöglichen es uns, gerade dort zu sein, wo wir sind, und ganz im Augenblick zu verweilen.

Neben den persönlichen Ritualen, wie jeder seinen Tag beginnt und beschließt, gibt es auch gemeinsame, kirchliche Rituale wie die Feier des Abendmahls oder der Taufe. Diese offiziellen Rituale nennt die katholische Kirche Sakramente. *Das Wesen des Sakramentes besteht darin, dass das Sichtbare etwas Unsichtbares wie Gottes Gnade und Liebe vermittelt.* So sind die Sakramente Brücken zwischen dem Sichtbaren und dem Unsichtbaren, zwischen dem Irdischen und dem Himmlischen. Im Folgenden soll keine Sakramentenlehre dargestellt werden. Vielmehr geht es nur um die Rituale, wie sie in den Sakramenten, aber auch in der persönlichen Frömmigkeit praktiziert werden. Dabei soll vor allem die Bildhaftigkeit der Rituale im Vordergrund stehen.

Der Segen mit Gebärden

Vom Lateinischen her bedeutet segnen »gute Worte sagen« (»benedicere«). Doch die Wurzel des deutschen Wortes »Segen« ist das lateinische »signare«. Das meint: »bezeichnen«. Dabei denkt man immer an das Bezeichnen mit dem Kreuz. Segen war also eng mit dem Kreuz verbunden. Der Priester schließt deshalb seinen Segen oft mit dem Kreuzzeichen ab.

Segnen beschränkt sich nicht nur auf gute Worte, sondern das Segensritual ist immer auch mit einer Gebärde verbunden, entweder mit dem Kreuzzeichen, erhobenen Händen oder mit der Handauflegung.

Die Urgebärde des Segnens sind die erhobenen Hände, wobei die Handflächen nach vorne weisen. Es ist eine uralte Gebärde, die schon seit 10 000 Jahren bezeugt ist. Durch die erhobenen Hände soll Gottes Segen zu den Menschen strömen. Der Segen ist dabei immer auch mit einer Fürbitte verbunden. Allerdings bitte ich im Segen nicht um konkrete Dinge, etwa dass mein Freund die Operation gut übersteht oder die Kinder heil von der Reise zurückkehren. Der Segen wird mit drei Bildern verbunden: Der Segen möge den Menschen, den ich segne, wie mit einem schützenden Mantel einhüllen. Der Segen möge ihn durchdringen, damit er in Einklang

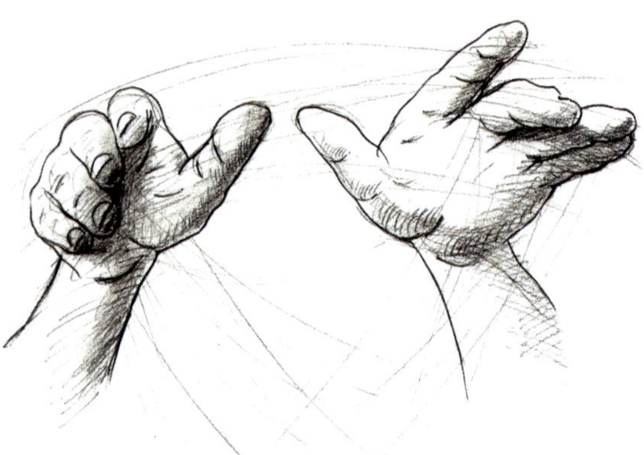

kommt mit sich selbst, dass er immer mehr zu seinem wahren Selbst findet. Und der Segen möge den Menschen behüten und schützen. Die Gebärde der erhobenen Hände kann ich alleine machen. Aber in der Gebärde bin ich immer auf die Menschen bezogen, zu denen ich den Segen Gottes strömen lasse. Ich fühle mich mit ihnen verbunden und kann sie zugleich Gott anvertrauen. *Der Segen ist der Weg, die heilende Liebe Gottes zu den Menschen strömen zu lassen.* Aber ich kann den Segen auch in meinen Tag strömen lassen. Dann habe ich das Gefühl, dass ich in einen gesegneten Tag hineingehe, dass mich überall schon der Segen Gottes erwartet. Der Segen ist ein konkreter Weg, Gottes Wirklichkeit in meinen Alltag zu bringen. So ist der Segen eine zentrale Brücke zwischen Himmel und Erde.

In der Bibel wird der Segen oft mit der Handauflegung verbunden. Man legt beide Hände auf den Kopf des anderen und bittet, dass der Heilige Geist durch die Hände in ihn eindringt. Die Apostelgeschichte erzählt uns, dass Hananias dem Saulus die Hände auflegt und ihm die Worte sagt: »Bruder Saul, der Herr hat mich gesandt, Jesus, der dir auf dem Weg, den du gekommen bist, erschienen ist; du sollst wieder sehen und mit dem Heiligen Geist erfüllt werden« (Apg 9,17).

Die Handauflegung ist wohl die intensivste Form des Segens. Kranke Menschen sind froh, wenn ihnen jemand die Hände auflegt und für sie betet. Aber es gibt nach meinen Vorträgen immer auch Menschen, die um den Segen bitten. Sie haben das Bedürfnis, dass ich ihnen die Hände auflege, um den Segen Gottes leibhaft spüren zu können. Während ich ihnen die Hände auflege, spreche ich ein Segensgebet über sie. Dann gehen sie getrost weiter. Sie fühlen sich von Gottes Segen begleitet und geschützt.

Mit dem Kreuzzeichen kann man andere Menschen, aber auch sich selbst segnen. Mütter zeichnen mit dem Finger oft einem Kind das Kreuzzeichen auf die Stirn, bevor es das Haus verlässt, um in den Kindergarten oder in die Schule zu gehen. Das gibt dem Kind das Gefühl der Verbundenheit mit der Mutter. Und es nimmt ihm die Angst vor dem Fremden. Es fühlt sich von Gott gesegnet und behütet. Viele Christen bekreuzigen sich auch selbst. Sie lassen im Segen die Liebe Jesu, mit der er uns am Kreuz bis zur Vollendung geliebt hat, in das Denken einströmen, indem sie mit der Hand die Stirn berühren. Dann geht die Hand zum Unterbauch. Die Liebe Jesu soll auch meine Vitalität und Sexualität durchdringen. Dann gehe ich mit der Hand von der linken zur rechten Schulter, um die Liebe Jesu in das Unbewusste und Bewusste, in das Fühlen und in das Handeln einströmen zu lassen. Die syrischen Christen beten dazu eine trinitarische Formel, die wie eine Brücke zwischen Himmel und Erde ist: »Im Namen des Vaters, der mich ausgedacht und gebildet hat. Und des Sohnes, der hinabgestiegen ist in die Tiefen meines Menschseins. Und des Heiligen Geistes, der das Linke mit dem Rechten vereint.«

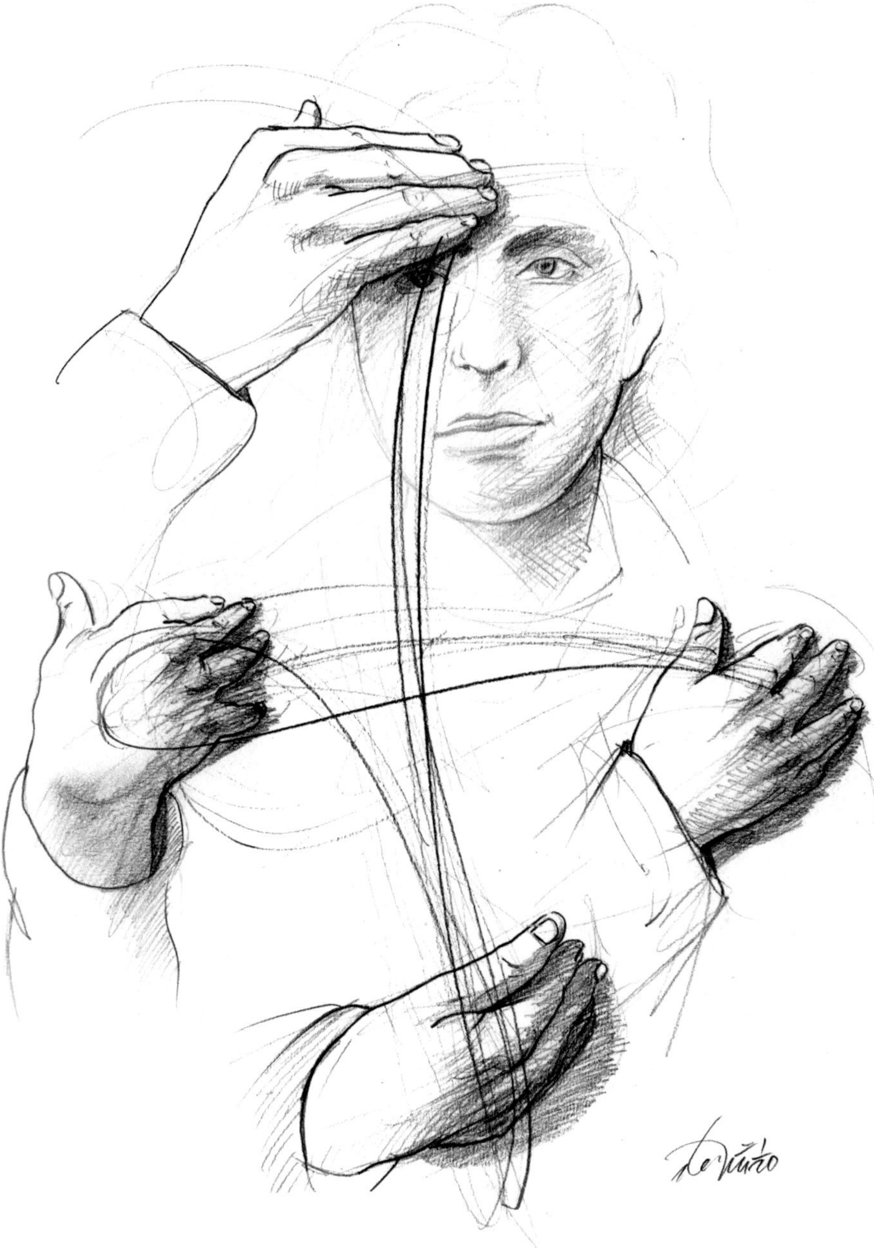

Die Taufe

Von den vielen Ritualen, die mit der Spendung der Taufe verbunden sind, möchte ich nur das zentrale herausgreifen: Der Täufling wird mit Wasser übergossen. In der katholischen Sakramentenlehre hat man das früher so gedeutet: In der Taufe wird das Kind von der Erbsünde rein gewaschen. Doch mit dieser Lehre tun sich viele Menschen heute schwer. Ich würde das Übergießen mit Wasser so deuten: Das Wasser reinigt den Täufling von allen Trübungen, die durch die Projektionen der Eltern entstehen. Die Eltern sehen das Kind oft nicht in seiner einmaligen Gestalt, die Gott ihm gegeben hat. Sie projizieren vielmehr die eigenen Wünsche und Vorstellungen in das Kind hinein. Das trübt das Selbstbild des Kindes. Es kann nicht das Bild leben, das Gott sich von ihm gemacht hat, sondern es wird dazu gedrängt, die Erwartungen und Bilder der Eltern zu erfüllen. Dieser Ritus gilt nicht nur für das Kind, sondern auch für die Eltern, die sich durch die Taufe immer wieder daran erinnern lassen, ihre eigenen Vorstellungen vom Kind loszulassen und dem ursprünglichen und unverfälschten Bild Gottes Raum zu geben.

Das Übergießen mit Wasser hat aber noch eine andere Bedeutung: Das Wasser ist ein Bild für den Heiligen Geist. Viele Menschen leiden heute unter Erschöpfung. Das Wasser der Taufe sagt dem Kind: In dir ist die Quelle des Heiligen Geistes. Aus dieser Quelle kannst du immer schöpfen, ohne erschöpft zu werden. Denn diese Quelle ist göttlich. Aber ich kann nur daraus schöpfen, wenn ich mein eigenes Ego zurückstelle. So bin ich durchlässig für den Heiligen Geist. Und diese Durchlässigkeit ist die Bedingung, dass ich aus der Quelle des Heiligen Geistes trinken kann. Wenn ich die Quelle nur für mich und meine Selbstdarstellung benutzen will, dann bekomme ich keinen Zugang zu ihr.

In katholischen Kreisen ist es üblich, dass man beim Betreten einer Kirche Weihwasser nimmt und sich damit bekreuzigt. Das ist eine Erinnerung an die Taufe. Ich reinige mit diesem Ritual bewusst mein Denken, in das sich immer wieder trübe Gedanken hineinmischen. So reinige ich meine Vitalität, dann das Unbewusste und Bewusste. In manchen katholischen Familien ist es üblich, ein Weihwasserbecken an der Haustür anzubringen. Dann vollzieht man beim Hinausgehen und Hineingehen jeweils ein Schwellenritual. Wenn ich hinausgehe, schütze ich mich mit dem Kreuzzeichen, damit die Hektik und die negativen Stimmungen mein Inneres nicht trüben. Und beim Hineingehen in mein Haus reinige ich mich von allem, was mich auf meinem Weg innerlich beschmutzt hat. Ich gehe in mein Haus und habe dabei das Gefühl, dass ich all die negativen Gedanken und Gefühle, die mir von außen entgegengekommen sind, von mir abwasche. Sie haben in meinem Haus keinen Platz. Und mein Haus ist erfüllt vom Segen Gottes und nicht vom Durcheinander der Welt.

Die Firmung mit Chrisam

In der christlichen Tradition gibt es zwei verschiedene Arten von Salbung: die Salbung mit Chrisam und die Salbung mit Katechumenenöl oder Krankenöl. Chrisam wird aus Olivenöl und Balsam gemischt. Die Salbung damit gibt dem Gesalbten Anteil an der priesterlichen und prophetischen Sendung Jesu und an seinem Königtum. Das Katechumenenöl oder Krankenöl ist dagegen ein Heilungsöl.

Bei der Firmung wird der Firmling vom Bischof bzw. von einem Stellvertreter des Bischofs mit Chrisam auf die Stirn gesalbt. Dies hat drei Bedeutungen: »Du bist ein König bzw. eine Königin. Du sollst selbst über dich herrschen, anstatt dich von den Erwartungen anderer oder von deinen eigenen Bedürfnissen beherrschen zu lassen. Du bist frei von der Macht anderer. Gehe daher aufrecht durch das Leben, wie ein König oder eine Königin.« Die zweite Bedeutung: Mit dem Chrisam wird der Firmling quasi zum Priester oder zur Priesterin gesalbt, zum Hüter oder zur Hüterin des Heiligen.

In uns ist etwas, was dieser Welt entzogen ist. Der Priester geht, wenn er dem Ideal folgt, ehrfürchtig mit dem andern um. Er ist aber auch »Pontifex«, das heißt: ein Brückenbauer, und erkennt die Spuren, die Gott in unser Leben oder in das Leben anderer gräbt. Der Priester versucht, diese Spuren für sich und andere zu deuten, und verbindet auf diese Weise Gottes Gedanken mit dem Geschehen in der Welt. Er ist Mittler zwischen Gott und den Menschen, einer, der Brücken baut.

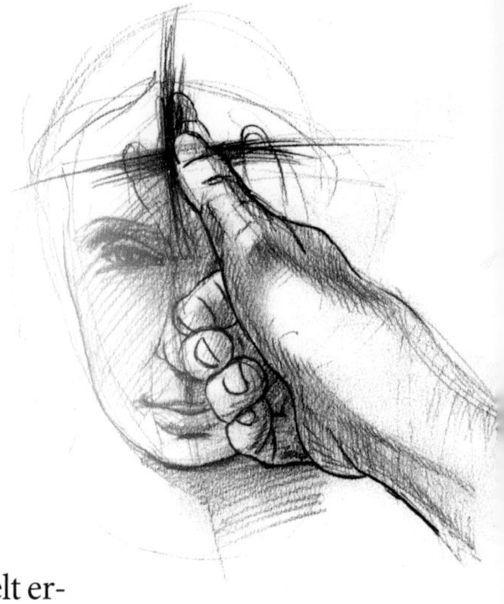

Die dritte Bedeutung ist die Salbung zum Propheten. Prophet ist nicht der, der die Zukunft voraussagt. Prophet oder Prophetin sein bedeutet vielmehr, dass ich mit meiner Person etwas von Gott ausdrücke, was nur durch mich Ausdruck finden kann. Ich soll gleichsam ein Wort Gottes sein, das durch mich in dieser Welt ertönt. Und jeder Mensch ist darin einmalig. Daher ermutigt mich die Firmung, ganz ich selber zu werden und zu verstehen, was Gott durch mich in dieser Welt zum Ausdruck bringen will.

Die Salbung bei der Firmung vermittelt den Heiligen Geist als Kraft, die uns befähigt, Verantwortung für unser Leben zu übernehmen, und die uns dazu antreibt, unsere Sendung für andere Menschen wahrzunehmen.

In der Apostelgeschichte legen die Mitglieder der Gemeinde von Antiochia dem Paulus und Barnabas die Hände auf, damit sie als Missionare ausziehen, um die Botschaft Jesu zu verkünden (Apg 13,1–3).

Die Firmung sendet uns in die Welt hinaus, damit wir dort als Zeugen Jesu Christi auftreten. Jesus sagt in seiner Antrittsrede in der Synagoge von Nazareth: »Der Geist des Herrn ruht auf mir; denn er hat mich gesalbt. Er hat mich gesandt, damit ich den Armen eine frohe Botschaft bringe« (Lk 4,18; vgl. Jes 61,1 f.). Jesus selbst ist der Christus, der Gesalbte. Seine Salbung bedeutet immer auch seine Sendung. So werden auch wir durch die Salbung bei der Firmung in die Welt gesandt, die Frohe Botschaft Jesu zu verkünden.

Die Beichte mit Handauflegung

Gott vergibt uns unsere Sünden, weil er barmherzig ist. Die Beichte ist ein Sakrament, das uns diese vergebende Liebe Gottes leibhaft vermitteln möchte. Sie hilft dem Beichtenden, daran zu glauben, dass Gott ihm wirklich seine Sünden vergibt. Denn es gibt viele Menschen, die trotz der Botschaft von der vergebenden Liebe Gottes nicht daran glauben können, dass Gott ausgerechnet ihnen vergibt. Vor allem zweifeln diejenigen an der Vergebung Gottes, die in eine tiefe Schuld geraten sind. Dann haben sie das Bedürfnis, das einem anderen Menschen zu erzählen. Denn Schuld isoliert. Man hat den Eindruck, dass man aus der menschlichen Gemeinschaft ausgeschlossen ist.

Um diesem Bedürfnis, die eigene Schuld auszusprechen, entgegenzukommen, hat die Kirche ursprünglich das Sakrament der Beichte entwickelt. Der Beichtende erzählt einem Priester seine Schuld. Und der Priester spricht ihn dann im Namen des dreieinigen Gottes los von seinen Sünden. Dabei legt er ihm die Hände auf. Die Handauflegung vermittelt dem Bekennenden, dass seine Sünden wirklich vergeben sind. Und es drückt die liebende Zuwendung Gottes aus. Die Worte, die der Priester dazu spricht, sind Worte der Vollmacht: »So spreche ich dich los von deinen Sünden im Namen des Vaters und des Sohnes und des Heiligen Geistes. Amen.« Durch dieses Ritual werden die oft unbewussten Widerstände gegenüber dem Glauben an die Vergebung überwunden, sodass der Beichtende mit einem Gefühl des Vertrauens und der inneren Freiheit wieder in seinen Alltag zurückgehen kann.

Die Krankensalbung

Krankensalbung gilt in der katholischen Kirche als Sakrament. In der evangelischen Kirche wird sie auch praktiziert, aber man nennt sie nicht Sakrament.

Öl war in der Antike ein beliebtes Heilmittel. Mit ihm hat man die Menschen an ihren kranken Stellen gesalbt. Oder aber man gab ihnen das Öl, das der Bischof in der Eucharistie geweiht hatte, zum Trinken.

Wenn der Priester heute den Kranken die Stirn salbt, will er ihnen zwei Dinge nahebringen: *Gott möge dir Hoffnung schenken, dass du diese Krankheit überwindest.* Und Gott möge dein Denken verwandeln, damit du erkennst, was dir Gott durch die Krankheit sagen möchte. Dann salbt der Priester die Hände des Kranken und reibt die Handflächen ganz mit Öl ein.

Die Salbung der Hände soll dem kranken Menschen die Kraft geben, gut mit der Krankheit umzugehen. Und sie soll ihm Vertrauen geben, dass Gott seine Wunden in Perlen verwandelt. Zum einen geht es um die Stärkung und die Vermittlung von Hoffnung, aber auch um die Annahme dessen, was Gott uns zumutet.

Manche Krankheit können wir nicht überwinden. Dann soll uns die Krankensalbung stärken, den Schritt über die Schwelle des Todes voll Vertrauen darauf zu machen, dass wir uns in Gottes liebende Hände fallen lassen dürfen.

Als ich einer krebskranken Frau die Krankensalbung spendete, lud ich ihren Mann und ihre Kinder ein, ein Kreuz in die gesalbten Hände zu zeichnen und dazu eine Fürbitte oder ein Dankwort zu sprechen. Da entstand auf einmal eine ganz innige Atmosphäre. Die Kinder sagten Worte, die sie vorher noch nie gesagt hatten. Das Ritual gab ihnen die Möglichkeit, Gefühle zu äußern, die sie bisher zurückgehalten hatten. So spendet das Ritual der Krankensalbung nicht nur dem Kranken Trost, sondern auch den Angehörigen.

Zum Schluss

Die Farben, Symbole, Bilder und Rituale, die ich hier beschrieben habe und die Eberhard Münch uns durch seine Bilder vor Augen gestellt hat, wollen sich in uns einbilden und in die Tiefen unserer Seele eindringen, um uns von innen her zu heilen. Das Schauen war für die Griechen der Sinn, der uns am meisten für Gott öffnet. *Das Schauen von Bildern spricht viele Bereiche unserer Seele an, nicht nur den Verstand, sondern vor allem auch die Emotionen.* Wir können die Bilder nicht betrachten, ohne mit den inneren Bildern in Berührung zu kommen, die in unserer Seele liegen. Manchmal sind es aufwühlende Bilder in uns, an die wir durch die Bilder von Eberhard Münch erinnert werden. Manchmal sind es eher die heilenden Bilder, die durch das Betrachten noch verstärkt werden. Schauen ist immer ein emotionaler Prozess. Wir werden mit den verschiedensten Emotionen unserer Seele konfrontiert. Letztlich geht es im Schauen darum, dass wir in der Tiefe unserer Seele, auch in der Tiefe unseres Unbewussten für Gott geöffnet werden, dass Gott nicht nur unseren Verstand anspricht, sondern alle Bereiche unserer Seele. Wenn wir unsere Beziehung zu Gott nur vom Willen her gestalten, fühlen wir uns oft überfordert. Und wir leiden daran, dass wir Gottes Nähe nicht spüren. Die Bilder wollen Gott in die Tiefe unserer Seele eindringen lassen, damit wir von innen heraus glauben und von innen her von Gottes Geist und Gottes Liebe geprägt werden. Durch die Beschäftigung mit den Bildern werden wir verwandelt und fähig, auf neue Weise zu leben, auch die anderen Menschen mit neuen Augen anzuschauen und anders mit ihnen umzugehen.

Gott möchte durch die Farben, Sinnbilder, Symbole und Rituale die Bilder heilen, die in unserem Unbewussten bereitliegen. Denn es gibt in uns oft genug krank machende Bilder, die uns daran hindern, das zu leben, was Gott uns zugedacht hat. Die Bilder, die wir in uns tragen, prägen unser Leben. Viele Menschen leiden an ihren negativen Selbstbildern, die es ihnen schwer machen, sich selbst anzunehmen. Es sind Bilder wie »Ich bin nicht richtig. Ich bin unmöglich. In mir ist alles leer. Ich bin zerrissen«. Diese negativen Selbstbilder wollen durch das Schauen der heilenden Bilder in der Liturgie und in der Kunst und in der Natur geheilt werden. Es geht nicht nur darum, von unserem Willen her Christus nachfolgen zu wollen. *Christus will eintreten in unsere Seele, um sie mit Bildern zu erfüllen, die ihr guttun,* die den Reichtum unserer Seele aufschließen und uns mit dem ursprünglichen Bild in Berührung bringen, das Gott sich von jedem von uns gemacht hat.

Die Bilder wirken aus sich heraus. Aber manchmal hilft es, die Bilder zu deuten und zu erklären, damit ihre heilende Wirkung verstärkt wird. Die Texte und Bilder dieses Buches wollen uns helfen, die Bilder zu verstehen, die die Liturgie uns anbietet, und sie bewusster wahrzunehmen. Wenn wir mit allen Sinnen Gottesdienst feiern, wenn wir auch im Alltag die heilenden Bilder der Liturgie mit uns tragen, dann wird die Liturgie erst ihre ganze Wirkung in uns entfalten. Sie wird uns mehr und mehr mit dem

Geist Jesu Christi erfüllen, mit dem Geist der Freiheit und der Liebe, mit dem Geist der Lebendigkeit und Buntheit, mit dem Geist des Friedens und der Versöhnung. Und unser Leben wird dann in der Bilderflut dieser Welt von guten, gesund machenden Bildern geprägt. Die heilende Kraft Jesu wird mehr und mehr in uns eindringen und die kranken Bilder aus uns vertreiben. Das Ziel der Liturgie mit ihren Farben, Symbolen, Bildern und Ritualen ist, dass das glänzende und befreiende, das heilende und erlösende Bild Jesu Christi mehr und mehr in uns eindringt und unsere Welt verwandelt. Die Bilder wirken nicht nur auf den, der sie anschaut. Indem die christliche Liturgie die heilenden Bilder der Bibel aufleuchten lässt, wirken sie in unsere Welt, die heute von so vielen oberflächlichen und krank machenden Bildern geprägt ist. Wir feiern die Liturgie mit ihren Bildern, damit sich diese Bilder auch einprägen in unsere Welt und so unsere Welt im Geiste Jesu bilden und gestalten.

Foto: © Gudrun Webel / bene! Verlag

Eberhard Münch, Jahrgang 1959, geboren in Mainz. 1981 Studium italienischer Wandmalerei. Von 1983 bis 1987 Studium an der Akademie der Bildenden Künste in Nürnberg. Seit 1987 selbstständig als freier Maler und Raumgestalter. Aufträge im In- und Ausland. Zahlreiche Ausstellungen und Ausstellungsbeteiligungen seit Anfang der 1980er-Jahre. www.atelier-muench.de

Die Bilder dieses Buches entstanden in Mischtechnik auf Aquarellpapier. Die Auswahl der Motive erfolgte gemeinsam mit Pater Anselm Grün.

Foto: © Vier-Türme-Verlag

Anselm Grün, Jahrgang 1945, Dr. theol., ist Mönch der Benediktinerabtei Münsterschwarzach. Für seine langjährige Tätigkeit als wirtschaftlicher Leiter der Abtei und sein Wirken in der Erwachsenen- und Jugendbildung wurde er 2007 mit dem Bundesverdienstkreuz ausgezeichnet. In seinen Büchern, Kursen und Vorträgen geht Anselm Grün auf die Nöte und Fragen der Menschen von heute ein. Er ist von vielen als Seelsorger, spiritueller Berater und geistlicher Begleiter geschätzt und der meistgelesene christliche Autor der Gegenwart. Insgesamt sind von ihm über 300 Titel mit einer Gesamtauflage weltweit von etwa 20 Millionen Exemplaren erschienen.

Weiterführende Literatur

Udo Becker, Lexikon der Symbole, Verlag Herder GmbH, Freiburg i. Br. 2000.

Eva Heller, Wie Farben wirken. Farbpsychologie, Farbsymbolik, Kreative Farbgestaltung, Rowohlt Verlag, Hamburg 1989.

C. G. Jung, Gesammelte Werke, Bd. 5, Symbole der Wandlung, Patmos Verlag, Verlagsgruppe Patmos in der Schwabenverlag AG, Ostfildern 2015.

Hugo Rahner, Griechische Mythen in christlicher Deutung, Verlag Herder GmbH, Freiburg i. Br. 1992.

Ingrid Riedel, Die Symbolik der Farben. Eine tiefenpsychologische Farbenlehre, Patmos Verlag, Verlagsgruppe Patmos in der Schwabenverlag AG, Ostfildern 2019.

Hannelore Sachs, Ernst Badstübner, Helga Neumann, Wörterbuch zur christlichen Kunst, Verlag Werner Dausien, Hanau 1985.

Peter Stockmeier, Theologie und Kult des Kreuzes bei Johannes Chrysostomus. Ein Beitrag zum Verständnis des Kreuzes im 4. Jahrhundert, Paulinus Verlag, Trier 1966.

Quellenverzeichnis

1 Ingrid Riedel, Die Symbolik der Farben. Eine tiefenpsychologische Farbenlehre © Patmos Verlag, Verlagsgruppe Patmos in der Schwabenverlag AG, Ostfildern 2019, Seite 7
2 ebd., Seite 177
3 ebd., Seite 176
4 ebd., Seite 177
5 ebd., Seite 18
6 ebd., Seite 27
7 ebd., Seite 106
8 ebd., Seite 112
9 ebd., Seite 115
10 ebd., Seite 134
11 ebd., Seite 136
12 ebd.
13 Eva Heller, Wie Farben wirken. Farbpsychologie, Farbsymbolik, Kreative Farbgestaltung, Rowohlt Verlag, Hamburg 1989, Seite 123
14 C. G. Jung, Gesammelte Werke, Bd. 5, Symbole der Wandlung © Patmos Verlag, Verlagsgruppe Patmos in der Schwabenverlag AG, Ostfildern 4. Auflage 2015, Seite 296
15 Hugo Rahner, Griechische Mythen in christlicher Deutung, Verlag Herder GmbH, Freiburg i. Br. 1992, Seite 78
16 ebd., Seite 80
17 Peter Stockmeier, Theologie und Kult des Kreuzes bei Johannes Chrysostomus, Ein Beitrag zum Verständnis des Kreuzes im 4. Jahrhundert, Paulinus Verlag, Trier 1966, Seite 76 f.
18 ebd., Seite 101
19 ebd., Seite 103
20 ebd., Seite 117
21 ebd., Seite 123
22 Bach-Werke-Verzeichnis Nr. 171
23 Udo Becker, Lexikon der Symbole, © 2000 Verlag Herder GmbH, Freiburg i. Br., Seite 330
24 ebd., Seite 330

Besuchen Sie uns im Internet:
www.bene-verlag.de

Aus Verantwortung für die Umwelt hat sich die Verlagsgruppe Droemer Knaur zu einer nachhaltigen Buchproduktion verpflichtet. Der bewusste Umgang mit unseren Ressourcen, der Schutz unseres Klimas und der Natur gehören zu unseren obersten Unternehmenszielen.
Gemeinsam mit unseren Partnern und Lieferanten setzen wir uns für eine klimaneutrale Buchproduktion ein, die den Erwerb von Klimazertifikaten zur Kompensation des CO_2-Ausstoßes einschließt.
Weitere Informationen finden Sie unter: www.klimaneutralerverlag.de

FSC www.fsc.org MIX Papier aus verantwortungsvollen Quellen FSC® C004592

Konzeption und Lektorat: Stefan Wiesner
Cover- und Innengestaltung: Maike Michel unter Verwendung eines Bildes von Eberhard Münch
Abbildungen im Innenteil: Eberhard Münch, Wiesbaden
Druck und Bindung: APPL, aprinta druck, Wemding
ISBN 978-3-96340-110-7

5 4 3 2 1